Un verano en Villa fe

José Luis Navajo

Un verano en Villa fe

CASA
CREACIÓN
Para vivir la Palabra

Para vivir la Palabra

MANTENGAN LOS OJOS ABIERTOS,
AFÉRRENSE A SUS CONVICCIONES,
ENTRÉGUENSE POR COMPLETO,
PERMANEZCAN FIRMES,
Y AMEN TODO EL TIEMPO.
—1 Corintios 16:13-14 (Biblia El Mensaje)

Un verano en Villa Fe por José Luis Navajo
Publicado por Casa Creación
Miami, Florida
www.casacreacion.com
©2016 Derechos reservados

Library of Congress Control Number: 2016930789
ISBN: 978-1-62998-887-0
E-Book ISBN: 978-1-62998-908-2

Desarrollo editorial: *Grupo Nivel Uno, Inc.*
Adaptación de diseño interior y portada: *Grupo Nivel Uno, Inc.*

Nota de la editorial: Aunque el autor hizo todo lo posible por proveer teléfonos
y páginas de internet correctos al momento de la publicación de este libro, ni la
editorial ni el autor se responsabilizan por errores o cambios que puedan surgir
luego de haberse publicado.

Impreso en Colombia

24 25 26 27 28 LBS 9 8 7 6 5 4 3 2 1

Me acuerdo de tu fe sincera,
pues tú tienes la misma fe de la que primero
estuvieron llenas tu abuela Loida y tu madre,
Eunice, y sé que esa fe sigue firme en ti.

2 Timoteo 1:5 (NTV)

Quien escribe en el alma de un
niño escribe para siempre.

(Autor desconocido)

Dedicado a:

Emma, Ethan y Oliver.
Si hubiera sabido que los nietos son tan
maravillosos, los habría tenido antes.

ÍNDICE

INTRODUCCIÓN

Mientras avanzo hacia la conclusión de este libro, la Navidad se aproxima veloz. Llega con su cúmulo de emociones, de estridencias más o menos artificiales, de afectos pregonados y de inmejorables deseos. De hecho, escribo estas líneas bajo los destellos del árbol navideño y con los dedos llenos de brillos que se desprendieron de las estrellas que ahora cuelgan del techo.

Pero llega este año envuelta en una tensión tan densa, que por momentos dificulta la respiración. Conflictos bélicos y rumores de contiendas de gran nivel —hay quien habla del inminente inicio de la tercera guerra mundial— flotan en el aire como un oscuro presagio. Pero esta circunstancia no me disuade de continuar con mi labor, por el contrario, me alienta, pues estoy convencido de que ahora más que nunca se hace necesario retornar al rumoroso arroyo de la fe para ser saciado con dosis de paz y porciones de esperanza. Este libro no aspira a más, ni tampoco a menos, que ser un mapa que nos guíe a ese fresco manantial.

Gran parte de la corrección de este manuscrito la llevé a cabo en Bolivia, mientras participaba en un congreso de la entidad Samaritan´s Purse. El lugar era, sin duda, el sueño de todo escritor, el espacio idóneo para la creación literaria: un bellísimo dominio selvático que desbordaba exuberancia. Junto a ese tesoro se alzaba otro que rivalizaba en belleza con el anterior, me refiero a los hombres y mujeres que acudieron a la convención. Todos ellos de condición humilde pero inmensamente ricos en piedad y compasión. En la labor humanitaria que desempeñan, mitigando las necesidades esenciales de las víctimas de guerras y desastres naturales, protagonizan cada día un auténtico derroche de altruismo hacia los más desfavorecidos.

Rodeado por ellos, impregnado por el espíritu solidario que exhalaban y amparado a la sombra de árboles tan *extraños* que nunca mi mente pudo haberlos concebido, oraba, meditaba y corregía. La banda sonora la ponían decenas de aves que saturaban la jungla con sus exóticos trinos, algunos simplemente irrepetibles. En ese maravilloso entorno no me resultó difícil abstraerme y afianzar las verdades que intento trasladar en las páginas que siguen:

> *Creo que no deberíamos tasar la importancia de algo por lo que cuesta, sino por lo que vale, porque hay cosas de altísimo precio e ínfimo valor, lo mismo que hay otras que apenas cuestan nada, pero valen muchísimo.*

> *Recuerda que la verdadera grandeza no se mide por cuántos sirvientes tengo, sino por a cuántos soy capaz de servir.*

> *El que pierde dinero, pierde mucho; quien pierde un amigo, pierde más, pero quien pierde la fe, lo pierde todo; ahora, quien habiéndolo perdido todo, conserva la fe... Esa persona custodia un valiosísimo tesoro.*

> **E**stoy convencido de que la mayor inversión que podemos hacer en la vida de los hijos y nietos, no tiene divisa ni se cuenta en términos financieros. Es de tipo espiritual y debe ser realizada a través del ejemplo y la siembra de valores. Es así como lograremos establecer en ellos sólidos pilares que soporten el crecimiento.

Estas y otras reflexiones conforman la savia que circula por las arterias de este libro, y seguro que has detectado que el acróstico que componen las primeras letras de esos cuatro principios forma la palabra CREE.

¡Bienvenido a Villa Fe, amable lector! Gracias por concederme una porción de lo más valioso que posees: tu tiempo. Ojalá que el viaje en el que estás a punto de embarcarte te reporte grandes beneficios.

¡Iniciemos el periplo!

I

RUMBO A VILLA FE

Ahora permanecen la fe,
la esperanza y el amor...
1ª Corintios 13:13

Atardecía, ensombreciéndose por igual el paisaje, como si no hubiese en él levante ni poniente. Todo comenzó, por tanto, cuando se aproximaba una noche a finales de junio. Ese día yo cumplía ocho años, o tal vez nueve; no estoy del todo seguro.

Aparte del intenso calor, otras dos cosas me pesaban sobremanera: mi pequeña maleta repleta de ropa y mi mente infantil cargada de aprensión.

Era ese el primer verano que pasaría lejos de mis padres y se me antojaba muy distinto a los anteriores, en los que disfruté con ellos de largos días de playa y campo.

¿Por qué teníamos que separarnos?

Mil veces, en las últimas semanas, les había formulado esa pregunta, y cada vez que lo hice un gesto de pesar ensombreció sus rostros.

—Necesitamos trabajar y aquí no hay donde hacerlo —respondía papá con un deje de tristeza—. No nos queda más remedio que salir.

—¡Sólo serán dos meses!—recordaba entonces mamá con premura, como intentando sellar la herida abierta—. El verano pasará rápido y antes de que te des cuenta volveremos a estar juntos—insistía, aportando la nota positiva a la lúgubre interpretación—. Papá y yo traeremos dinerito y verás qué mochila más bonita llevarás al colegio el próximo curso.

Pero yo estaba seguro de que, lejos de pasar rápido, aquel verano se haría interminable, pues anticipaba dos meses de añoranza e inmenso aburrimiento.

La noche anterior me fui pronto a dormir ya que al día siguiente era necesario madrugar para hacer un largo viaje en tren. Dejarme caer sobre el colchón y sentir que la perspectiva de la separación arañaba mis tripas, fue todo uno. Un incómodo sentimiento de soledad me acongojaba, y pronto cedió su lugar a una sensación de vértigo que me hizo imposible conciliar el sueño, por lo que pude escuchar la conversación que ellos mantenían en el salón.

—Me asusta el futuro —dijo papá con voz estremecida—. ¿Qué haremos si no podemos pagar esta casa?

—Eso no ocurrirá, porque…

—Pero, ¿y si ocurre? —interrumpió.

—Tú y yo hacemos un equipo perfecto —aseguró ella con firmeza sanadora—. Tenemos a nuestro hijo y tenemos fe en Dios. ¿Qué más necesitamos? Mientras pueda sentirte a mi lado y podamos abrazar a nuestro hijo, no echaré nada en falta. Verás cómo salimos adelante.

—Pero…

—¡Escucha!—fue ahora mamá la que interrumpió. Lo hizo con determinación impregnada en ternura—; recortaremos todos los gastos superfluos. Son pocas las cosas que necesitamos; cuando uno está lleno por dentro, es poco lo que precisa por fuera. ¿No te das cuenta de la gran riqueza que tenemos? Dormimos acompañados y despertamos en compañía —replicó—. ¿En cuánto valoras la confianza que tenemos el uno en el otro? ¿Cuánto vale el abrazo que tu hijo te dio hoy antes de acostarse? ¿Cuánto calculas que cuesta el abrir la puerta de esa habitación y verlo descansando?

El discurso fue reparador y el silencio que siguió me resultó elocuente. Imaginé a papá asintiendo con la cabeza antes de envolver con sus brazos a mamá, y al figurármelos así vino a mi mente una escena que se dio en el recién terminado curso del colegio. Aquel día, los alumnos habíamos salido al patio de la escuela para disfrutar de los quince minutos de descanso entre clases. Al darme cuenta de que había dejado en la mochila las dos piezas de fruta que acostumbraba a tomar en ese espacio, regresé al aula a buscarlas. Escuché voces en la clase, por lo que abrí con cuidado y vi a los padres de Felipe Reyes, mi mejor amigo y compañero de pupitre, que estaban con la profesora. Los papás parecían discutir entre ellos; yo sabía que lo hacían con frecuencia, pues cada vez que fui a casa de mi amigo los encontré enzarzados en alguna discusión. Observé ahora que la profesora intentaba mediar entre ambos, y en sus argumentos incorporó una frase que quedó grabada en mi mente para siempre: *El mayor regalo que unos padres pueden hacerle a sus hijos es amarse el uno al otro.*

Acunado en el recuerdo de aquella frase, e imaginándome a mis padres abrazados, me resultó fácil quedar dormido.

2

LA GRANJA

El sabio en su retiro es útil a la comunidad.

Séneca[1]

Al día siguiente, antes de que los primeros rayos de sol se filtraran por las rendijas de la persiana, mis padres me despertaron. Muy temprano tomamos el tren, después un autobús y finalmente hicimos un largo trayecto caminando. Así, cuando caía la tarde y agotados, llegamos a casa de mis abuelos.

Vivían en una granja junto a un pequeño bosque de robles. En realidad hacía años que aquella finca dejó de ser granja, pero aún conservaba su estructura: corrales, establos y porquerizas seguían intactos y ahora, además, impolutos, porque ya no quedaban otros animales que los que corrían en la libertad de los campos y de los montes, y que en ocasiones se atrevían a incursionar tras las vallas que delimitaban la propiedad de los abuelos.

Me detuve junto al cercado de madera que tenía una puerta, y vi que sobre ella, sujeto con cuatro clavos, había un cartel también de madera en el que podían leerse dos palabras:

—¿Villa Fe? —leí, extrañado—. ¡Qué nombre tan raro para una casa!

—Sí —admitió papá—. Es un título peculiar, pero pronto comprobarás que resulta muy apropiado para el hogar de los abuelos.

Al observar la casa, blanquísima, como si aquella misma mañana hubiera sido encalada, decidí que el lugar me gustaba. Era una réplica exacta del dibujo que yo, y creo que cualquier niño, suele hacer cuando le piden que plasme sobre un papel la casa de sus sueños. El tejado formaba un perfecto triángulo con el perfil de la edificación. Sobre la fachada principal, justo en el centro, estaba la puerta de entrada; era muy grande, de madera y de doble hoja. A derecha e izquierda había grandes ventanales y sobre estos, y muy cerca del tejado, se abría un ventanuco más pequeño con forma de círculo. Me llamó la atención de modo especial la chimenea forrada de piedra que se alzaba sobre el tejado, evocando fríos inviernos en torno a la calidez del hogar.

Así había imaginado siempre la casa de mis sueños y así era el hogar de mis abuelos, por eso lo miré largamente recreándome en la escena.

"Villa Fe", pensé, "¿por qué llamar así a una casa? ¿Era la fe un lugar en el cual vivir? ¿Existía la posibilidad de convertir la fe en morada?".

Pronto iba a comprobar que no solo era posible, sino que mis abuelos habían decidido establecer su domicilio en esa radiante dimensión que yo ignoraba totalmente, pero que estaba a punto de descubrir.

La mano de papá posándose en mi hombro me sacó de mis reflexiones y volví a fijarme en la casa. Sobre la puerta de entrada se extendía un tejadillo sostenido por dos columnas, formando un sombreado porche a cuyo amparo había una mesa que me pareció suficientemente larga como para sentar a ella al mundo entero.

Papá detectó la fijeza con que la observaba y me explicó:

—Aunque los abuelos viven solos, eligieron una mesa así de grande porque su hogar siempre está abierto para todo el que precise un plato de comida, o un rato de conversación, o unos oídos atentos —meditó un momento antes de concluir—. Pero el manjar que más se ha repartido sobre esa mesa ha sido la fe; enormes porciones fueron administradas a cuantos llegaron agobiados por la duda, el dolor o la desesperanza... se sentaron derrotados y se levantaron renovados. Comenzaron a creer y comenzaron a vivir.

Me gustó mucho lo que oía y apoyándome en la cerca de madera medité en ello mientras recorría con la mirada aquel paisaje tan inspirador: la pradera, de verde vivísimo, casi fosforescente, que se abría justo a la derecha, me sedujo, y el pequeño bosque de robles que se alzaba a la izquierda de la casa me hizo pensar en páramos encantados y en cuentos de hadas. Aunque predominaban los robles, en la espesura convivían diversas especies de árboles, pero uno en especial atrajo mi atención: un inmenso abeto, mucho más alto que el resto y de cuya rama más baja colgaba un columpio de madera.

3

ÁNGELES DE CABELLO BLANCO

La gloria de los jóvenes es su fuerza; las canas de
la experiencia son el esplendor de los ancianos.

Proverbios 20:29 (NTV)

Contemplaba extasiado aquel entorno, considerando que tal vez el verano no sería tan aburrido como en un principio había anticipado, cuando mi madre me dio un leve empujón y me dijo:

—¡Corre, ve a saludar a los abuelitos!

Entonces reparé en los dos ancianos que acababan de salir y desde el porche de la casa me sonreían, saludaban con la mano y luego tendían sus brazos en la más cordial bienvenida.

Es ese el primer recuerdo que tengo de mis abuelos: una mirada serena, como un mar en calma. Bajo aquellos ojos que chorreaban bondad y genuino cariño, brillaba una dulce sonrisa, absolutamente confiada y totalmente confiable. Sonreían de un modo tan total que me dio la impresión de que la sonrisa les desbordaba de la cara y resbalaba cuerpo abajo. Aunque en aquel momento no era capaz de explicarlo, detecté algo en su gesto que invitaba a la serenidad y al sosiego.

Corrí hacia ellos y me sumergí primero en el abrazo de la abuela.

—Dios te bendiga, hijo. ¡Qué alegría poder verte el día de tu cumpleaños!

Me dio un beso tan fuerte que un agudo pitido me acompañó mientras me dejaba envolver por los delgados pero fuertes brazos de mi abuelo.

—¡Bienvenido a Villa Fe, querido! Qué ganas tenía de verte y de abrazarte —y yo sentí que era verdad lo que me decía. En medio del sofocante calor, una brisa de afecto me envolvió.

Juntos pasamos al salón donde los enormes ventanales permitían que la luz entrase a raudales, iluminando la sencilla estancia en la que había lo esencial: un sillón de dos plazas y una mesa con cuatro sillas. Por supuesto que no faltaba la chimenea, ahora apagada, pero que en el invierno debía jugar una baza importante para hacer habitable la casa.

Las prioridades propias de un niño hicieron que corriera hacia el pequeño televisor instalado en una esquina del salón.

—¿Dónde está el mando a distancia, Abu?—con esa abreviatura me dirigí siempre a mí abuelito.

—¿Perdón?—replicó extrañado, como si le hubiera hablado en chino—. ¿Qué me estás pidiendo, hijo?

—El mando para encender y apagar la tele, Abu, el control remoto...

—No sé de qué me hablas, hijo. Si lo que quieres es encender la televisión, sólo tienes que pulsar el botón de la derecha, y con el mismo botón se apaga.

Fue una señal inequívoca de que pertenecíamos a generaciones distintas y de que aquel televisor tenía, probablemente, tantos años como los abuelos.

Algo perplejo, apreté el interruptor y una neblina moteada de gris ocupó toda la pantalla. Como todo sonido, un "rrrasssssss" llenó el ambiente. A ratos parecía que iba a asomar un rostro totalmente distorsionado, pero pronto era engullido por la neblina.

—No llega bien la señal —explicó— por eso preferimos escuchar la radio.

La cruel sentencia me sumió en el desánimo y mi semblante decayó mientras mi abuelo se aproximaba a un viejo transistor y giraba una ruedecita.

"Ñiiiiii", "chiuuuuuuuu". Eso fue todo lo que se oyó durante varios segundos, hasta que por fin empezó a sonar música que a cada rato se perdía bajo las interferencias.

Un pesado abatimiento se instaló sobre mí cuando intenté imaginarme un verano lejos de mis padres, sin playa y sin ver televisión... sería insufrible.

4

MENSAJES EN LAS PAREDES

Todo lo que he visto me enseña que debo
confiar en el Creador a quien no he visto.
Ralph Waldo Emerson[2]

No habiendo otra cosa que ver me puse a observar las paredes y mi atención fue captada por los bonitos cuadros que las cubrían. Mostraban motivos campestres y marinos, imágenes de la naturaleza en algunas de las cuales había frases impresas.

"La fe es creer lo que no vemos, y la recompensa es ver lo que creemos". Esta afirmación de Agustín de Hipona figuraba al pie de una preciosa puesta de sol en la que se apreciaba la roja circunferencia siendo engullida por un mar en completa calma.

Justo en el tabique de enfrente otra sentencia rivalizaba en belleza con la anterior: *"Fe es la capacidad de sentir el calor del hogar mientras aún cortamos la leña para la lumbre"*. Me fascinó esta reflexión de Miguel de Cervantes que aparecía como firma en un cuadro que representaba una chimenea encendida.

—¡Qué frases tan bonitas! —exclamé.

—¿Te gustan? —inquirió la abuelita—. Esta es mi preferida.

Señaló al cuadro que estaba junto a la ventana y que mostraba un faro en lo alto de un acantilado. El texto impreso en la lámina decía: *"Ahora permanecen la fe, la esperanza y el amor"*. La cita remitía a la Biblia (1ª Corintios 13:13).

—Mi cuadro predilecto es este —apuntó mi madre.

Contemplaba un amanecer. La mezcla de colores sobre el lienzo era deliciosa, como si toda la escala cromática se hubiera confabulado para mostrar la belleza del alba. En la esquina superior derecha de la pintura estaba impresa la frase de Charles Spurgeon: *"Un poco de fe es suficiente para llevarnos al cielo, pero suficiente fe logrará que el cielo venga hasta nosotros"*.

Así y allí comenzó todo: un anochecer a finales de junio en "Villa Fe", la sencilla granja de mis abuelos. Hoy puedo afirmar sin temor a equivocarme que no hay en el mundo mejor lugar para vivir, ni creo tampoco que pueda existir compañía más emocionante que la de esos dos ángeles de cabello blanco y piel rugosa.

¿Cómo te lo diría? Busco el vocablo que mejor defina mis sensaciones pero no lo encuentro... Visitar aquella granja fue como aproximarme al cielo, y rodearme de mis abuelitos supuso gozar de celestial compañía. Vivían *en la fe*: la absoluta certeza de lo que se espera y la plena convicción de aquello que aún no se ve. No había lugar para ansiedad ni incertidumbre, esa era la razón de que su mirada y su actitud proyectasen paz en dosis gigantescas.

5

OCUPAR VILLA FE

El éxito es aprender a ir de fracaso
en fracaso sin desesperarse.
Winston Churchill[3]

—Es tarde —señaló el abuelo— y estaréis cansados del viaje.

—Sí —admitió mi padre—. La verdad es que estoy deseando dejarme caer en la cama.

—Llevad vuestras maletas a la habitación mientras terminamos de preparar la cena y enseguida podréis ir a descansar —sugirió la abuela.

Ascendí por unas estrechas escaleras de madera y al llegar arriba me topé con la siguiente sorpresa: mi dormitorio. Ni en mis mejores sueños había imaginado dormir en una habitación así. Estaba en el ático por lo que el techo era abuhardillado y forrado de madera. La cama estaba pegada a la pared y justo sobre ella se abría el ventanuco redondo que desde afuera llamó mi atención. Subí al colchón y me asomé. La vista era impresionante: al fondo se ocultaba el sol y sus últimos rayos dibujaban un abanico de luz en el cielo.

—¡Es precioso! —exclamé, aunque no había nadie conmigo.

Hasta donde alcanzaba la vista sólo había naturaleza en estado puro. Un cervatillo corría por el campo y, pasando frente a la granja, buscó cobijo en el bosque. Justo enfrente, una majestuosa montaña engullía al astro rey y parecía mirarme, retadora.

—Subiremos a ella un día de estos— la voz había sonado a mis espaldas.

Me giré y allí estaba mi abuelo. Señaló a la imponente montaña que parecía coronarse con el aura del sol, y repitió:

—La escalaremos.

—Es muy alta, Abu —advertí—. No creo que podamos.

—¿Nunca escuchaste la afirmación de Henry Ford?

—¿Henry Ford?—ni siquiera sabía quién era.

—Sí, el fundador de la compañía automovilística Ford. Él dijo: *Di que no puedes, di que sí puedes, en ambos casos tendrás razón.*

—¡Qué raro! —exclamé—. No lo entiendo…

—Significa que la dificultad no radica en la altura de los montes, sino en la calidad de nuestra fe. Cuando una montaña es grande solo se precisa una determinación más grande todavía.

—¡Qué frases más bonitas dices, Abu! —exclamé—. ¿Dónde las has aprendido?

—Donde he aprendido casi todo, hijo; en los libros —e inquirió—: ¿Te gusta leer?

—Sí, Abu, me gusta mucho leer.

—Lo celebro. Es muy importante amar los libros. La lectura es a la mente lo que el ejercicio es al cuerpo. Un día de estos te leeré algunas páginas de Og Mandino. Fue él quien escribió: *El fracaso nunca me supera si mi determinación de triunfar es lo suficientemente fuerte.*

Lo dijo con absoluta naturalidad, como quien pronuncia la ocurrencia más trivial, y luego acompañó a mis padres a la habitación que ocuparían. Meditando en esa frase, me dejé caer sobre la cama y allí llegó la siguiente sorpresa. El techo del dormitorio era de madera, pero justo sobre mi cabeza había una parte acristalada que permitía ver el cielo. Mirando a través del cristal, repetí: *El problema no radica en la altura del monte, sino en la calidad de nuestra fe. Cuando la montaña es grande, solo hace falta una determinación más grande todavía.*

6

PRIMERA NOCHE
EN VILLA FE

La felicidad es interior, no exterior;
por lo tanto, no depende de lo que
tenemos, sino de lo que somos.

Henry Van Dyke[4]

Poco después nos disponíamos a cenar en la enorme mesa del porche. En un momento en que la abuelita fue a la cocina, y desde allí reclamó la ayuda del abuelo, me incliné hacia mis padres.

—¡Qué casa tan bonita tienen! —les dije—. ¿Son ricos los abuelos?

—Inmensamente —sonrió mamá.

—Pero no porque tengan mucho —puntualizó mi padre—, sino porque necesitan muy poco para ser felices.

—Exacto —afirmó ella—. Son inmensamente ricos porque saben disfrutar de aquello que tienen sin codiciar lo que les falta.

—Pero esta casa es grandísima —repliqué—. Tiene que costar mucho dinero.

—No —corrigió papá—. Esta vieja granja les salió casi regalada, porque cuando la compraron estaba en ruinas y trabajaron mucho para dejarla como la ves ahora.

—Sin embargo, no es esta propiedad su mayor tesoro —intervino mamá—. Los abuelos tienen otra riqueza que vale mucho más que esta granja.

—¿Más que esta granja?

—Y más que casi todo —aseguró papá—. Es lo más grande que se puede tener.

—¿Qué es? —pregunté muy intrigado.

—Ven —dijo mi padre incorporándose—. Te mostraré una pista para llegar a ese tesoro.

Me condujo hacia un extremo de la casa, donde, junto a una de las ventanas y sobre la pared exterior, había colgada una tablilla de barro rizada por los bordes, imitando a un pergamino. En ella había una frase grabada.

—¿Puedes leerlo? —me dijo.

Recité el texto:

Quien pierde dinero, pierde mucho;
quien pierde un amigo, pierde más;
quien pierde la fe, lo pierde todo.
Pero, quien habiéndolo perdido todo, conserva
   la fe...
Esa persona custodia el mayor tesoro.

Lo releí varias veces, hasta que mamá confirmó:

—Ese es su gran tesoro: la fe —explicó mirando a la abuela, que para ese momento ya había regresado—. Esa confianza hace que, con poco o con mucho, vivan tranquilos y con paz.

—Es cierto, aquí tienes a una mujer de gran fe —exclamó mi padre tomando la mano de la abuela y alzándola como quien levanta un trofeo.

—Eso no es correcto —matizó con humildad y casi ruborizándose—. Tengo una fe pequeña, pero depositada en un Dios muy grande.

—Una fe pequeña depositada en un Dios muy grande —repetí—. ¡Me encanta la frase, Aba! —ese fue el cariñoso apelativo con el que siempre me dirigí a mi abuelita.

Ella asintió con la cabeza mientras sonreía, y luego explicó:

—Una pequeña medida de fe produce resultados asombrosos —y añadió—: Dios no reclama una fe gigantesca; sólo busca que le creamos.

Fue el abuelo quien puso el broche a aquella interesante conversación:

—¿Oísteis eso de que un gramo de fe es mejor que una tonelada de estímulos? —y añadió—: Demasiadas personas precisan ver, sentir y tocar para lograr avanzar, pero la fe nos ayuda a dar pasos aun cuando no veamos el suelo sobre el que posaremos el pie.

Les miré. La sonrisa sobre la que me devolvieron la mirada destilaba paz. Definitivamente vivían confiados.

—¡Qué noche tan espléndida nos ha regalado Dios! —dijo la abuelita depositando una jugosa ensalada de lechuga y tomate en el centro de la mesa.

Y me pareció que para ella, esa noche —una templada y reposada noche de verano— era un tesoro del que gozaba a todas luces, y comprendí entonces que lo más sencillo puede alcanzar la dimensión de riqueza si uno es capaz de disfrutarlo plenamente.

—Decididamente es una noche hermosa, ¡y qué regalo es compartirla con vosotros! —añadió el abuelo mientras colocaba la deliciosa tortilla de patatas junto a la ensalada.

Volví a mirarles. Su alegría resultaba contagiosa, y su estado de ánimo, confiado, sereno y optimista, impregnaba el hogar y a cuantos lo habitábamos. Cuando sonreían, que era casi siempre, en la comisura de sus ojos nacían unas marcadas arrugas que se extendían a lo largo de la sien, pero lejos de conferirles un aspecto grave, esos pliegues acentuaban la ternura de su gesto.

¿Por qué, desde esos cuerpos gastados por los años, se levantaba tanta irradiación? Quizá la belleza interior podía asomar ahora con mayor libertad, menos obstaculizada que en otros cuerpos jóvenes, más convencionalmente bellos, pero también menos traslúcidos.

Hoy, recordando lo deliciosa que me supo aquella sencilla cena, puedo ratificar que una comida humilde, degustada en armonía, puede disfrutarse más que el más sofisticado de los alimentos.

—Abu, Aba, ¿por qué sois tan felices? —les pregunté con inocencia. Y es que no estaba acostumbrado a ver personas en quienes la sonrisa fluyera de manera tan natural, genuina y permanente—. ¿Qué os hace estar tan contentos? —insistí.

La carcajada que liberó mi abuela me hizo evocar una cascada de agua fresca y cristalina. Me abrazó y luego respondió:

—Cariño, estoy convencida de que la vida está tejida con hilo de gozo y es un regalo de Dios —meditó un instante y añadió—: Es cierto que a veces llegan problemas y sinsabores, pero cada vez que la vida nos presenta mil razones para llorar, podemos demostrarle que hay mil y una para reír. Además —añadió mientras se alejaba hacia la cocina—, he aprendido que, con Dios, jamás una desgracia será la última noticia. Con

Él al final todo sale bien, y si no sale bien, es que no es todavía el final.

Algunas de las cosas que decían no llegaba a entenderlas totalmente, pero ya en la primera noche me enseñaron algo muy importante: *Tenerlo todo, sin Dios, es como no tener nada; pero tener a Dios, sin nada más, es como poseerlo todo.*

—¡Felicidades, cariño!

La abuelita regresaba de la cocina trayendo un enorme pastel de cumpleaños.

—Lo hizo para ti —mamá señaló al delicioso pastel sobre el que se consumían algunas velas—. ¡Tienes que apagarlas todas!

Soplé con todas mis fuerzas y logré que todas se apagaran, entonces cantaron la canción ¡Feliz cumpleaños!, y aunque no acertaron en tono ni en ritmo, lograron emocionarme.

7

HABITACIÓN CON VISTA AL CIELO

Educar a un niño no es hacerle aprender algo que
no sabía, sino hacer de él alguien que no existía.

John Ruskin[5]

Llegué a la cama rendido. El largo viaje y las emociones acumuladas agotaron mis reservas de energía. Al dejarme caer sobre el colchón, justo sobre mi cabeza quedó el espacio acristalado que había en el techo. Aquella cubierta transparente revelaba el cielo nocturno más bello que jamás haya contemplado.

¡Una habitación que se asomaba al cielo!

Fascinado apagué la luz del dormitorio y enterré la mirada en el firmamento salpicado por millones de puntos brillantes. Mientras buceaba entre estrellas percibí que la puerta se abría.

—Que descanses bien, hijo —era papá.

—¡Mira! —le dije señalando al techo acristalado—. Fíjate qué cielo más bonito.

—Es realmente precioso —admitió tumbándose a mi lado.

Estuvimos largo rato admirando las estrellas, hasta que papá habló:

—Estoy muy contento de que puedas pasar estas semanas con los abuelos. No pierdas la ocasión de escucharles con atención, te harán crecer por dentro.

—¿Son muy sabios los abuelos? —pregunté con inocencia.

—Mucho —aseguró papá—, pero nunca presumen de ello; creo que ni siquiera lo saben. Tus abuelos están tocados con la gracia de la humildad, y eso les embellece más aún. Comienzan con la sencillez, y se hacen con la perfección más sencillos aún; porque la proximidad de Dios lo simplifica todo. Tienen fulgor propio, pero viven cerca de Dios, y ¡quién puede pretender brillar al estar junto al sol! Por eso la sabiduría brota de ellos con naturalidad y sin presunción.

—¿Aprendiste mucho de ellos?

—Atesoro sus consejos —dijo—, sin ir más lejos, hoy venían algunos a mi mente.

—Cuéntamelos, papi —le pedí.

—Pues, mira, aquí van cuatro lecciones que me enseñaron cuando tenía tu edad y nunca las he olvidado —sonrió con los ojos más que con la boca, mientras me decía llevando la cuenta con los dedos—. Primero, nunca te midas de la cabeza al suelo para ver cuánto creciste. Mídete de la cabeza al cielo para ver cuánto puedes aún crecer. Segundo, busca ser extraordinariamente sencillo, y serás sencillamente extraordinario. Tercero, la grandeza de una persona no se mide por lo que tiene, sino por lo que es capaz de dar. Cuarto, nunca dejes de aprender, porque el día en que dejes de aprender, dejarás de crecer. ¿Qué te parece?

—Es muy bonito lo que te enseñaron los abus.

—¿Sabes?, hace mucho me dijeron: No te fíes demasiado de las palabras de un hombre que no tiene cicatrices;

tus abuelos las tienen, y doy gracias al cielo porque tuvieron valor para aceptar las heridas, y sabiduría para convertirlas en renglones donde otros pudimos leer.

Así, mecido por la música de aquella conversación, caí en un plácido sueño mientras, afuera, los árboles emitían un relajante murmullo al ser despeinados por el viento. A esas alturas ya estaba convencido de que aquel verano, lejos de ser aburrido, sería realmente apasionante. Y no me equivoqué en lo más mínimo.

8

AMANECE EN VILLA FE

Te estoy tejiendo un par de alas,
sé que te irás cuando termine…
Pero no soporto verte sin volar.
De unos padres a su hijo

A la mañana siguiente, tras desayunar, papá y mamá se marcharon.

—Disfruta mucho del verano —me dijo ella estrechándome en un abrazo que se prolongó por mucho tiempo—. Estoy segura de que lo pasarás muy bien.

—Y yo estoy convencido de que aprenderás cosas muy bonitas —dijo papá alborotando mi cabello con su mano antes de abrazarme—. Ya verás cómo luego no querrás regresar a casa.

Les miré con carita de Bambi ultratriste.

—Se pasará rápido —aseguró mamá—, muy pronto volveremos a estar juntos.

Mientras se alejaban, permanecí en el porche siguiéndoles con la mirada. A un lado y al otro me custodiaban los abuelitos, con una de sus manos sobre mi hombro y agitando la otra en la despedida.

Mi tristeza duró diez minutos. Exactamente lo que tardó el abuelo en lanzar una pelota y retarme:

—¿A que no eres capaz de marcarme un gol?

Enseguida estábamos los dos enzarzados en una competición en la que demostró encontrarse en plena forma.

—¡Detén esta! —dijo, chutando con fuerza.

El balón me rebasó y fue a parar a la cerca de madera. Justo al lado de la puerta. Al recogerlo me enfrenté de nuevo con el pequeño cartel que decía "Villa Fe".

—¿Te resulta raro el nombre? —me interrogó.

Asentí con la cabeza y pregunté:

—Abu, ¿por qué se llama así vuestra casa?

Se agachó hasta quedar a mi altura, y sonriendo de una manera que me hizo pensar en un soleado amanecer, me dijo:

—Porque hace mucho tiempo la abuelita y yo decidimos creer y amar a Dios. Porque cada día procuramos confiar en Él. Porque la fe es la roca sobre la que hemos cimentado esta casa y es también el sendero que recorremos cada día. Porque...

—¡Ya me has convencido, Abu! —exclamé interrumpiéndole. Y enseguida me retiré unos metros y chuté con fuerza—. ¿A que la fe no te hace parar este balón?

—¡Mía! —gritó, reteniendo la pelota con ambas manos.

Después de comer, descansamos un rato y luego el abuelo me invitó a pasear por el bosque. Aquella tarde descubrí que una caminata entre los árboles puede ser una aventura emocionante. Sí, después de esa primera excursión disfruté de otras muchas y jamás me defraudó. Fueron momentos apasionantes, no sólo porque casi siempre acabábamos perdidos, y como él decía que los teléfonos móviles son "un endiablado invento de la modernidad", y se resistía a llevar uno consigo, la aventura alcanzaba niveles de escalofrío cuando comenzaba a oscurecer y seguíamos sin dar con el camino de vuelta. Pero al final siempre llegábamos a nuestra acogedora granja, y también siempre, sin excepción, el abuelo se llevaba una buena reprimenda de la abuela.

—¡Toda la vida viviendo aquí y todavía no conoces el camino! —le reprochaba—, ¿cómo es posible que no sepas orientarte?

El abuelo me guiñaba un ojo como diciendo: "¡Atento!"; se acercaba a ella y la abrazaba con ternura, depositando un tierno beso en su mejilla, mientras decía:

—¡Cuánto quiero a mi encantadora viejita cascarrabias!

Ella se ruborizaba al adivinar mi presencia y le volvía a regañar, pero ya sin apenas fuerza:

—¡Quita, quita! ¿Qué va a pensar nuestro nieto?

Lo único que yo pensaba era que me parecía maravilloso ver a dos ancianitos queriéndose tanto. Lo mismo me ocurría cuando los veía pasear por la pradera tomados de la mano. ¡Parecían dos jóvenes enamorados! Verles así me hacía recordar la frase que un día me leyó papá: *Un viejo enamorado es como una flor en invierno.*

9

PERDIDOS

Las promesas de Dios son como las estrellas, cuanto más oscura es la noche, más fuertemente brillan.
David Nicholas[6]

—Me gustaría enseñarte esta tarde un lago muy bonito —me dijo el abuelo mientras almorzábamos—. No está lejos de aquí.

—Yo creo que sí está lejos —advirtió la abuela—. No salgáis tarde...

—En media hora llegaremos —aseguró—, no hay prisa. Podemos descansar antes de iniciar el camino.

Finalmente iniciamos el paseo más tarde de lo previsto, y de camino al lago pasamos junto a una colina.

—¿Qué te parece si subimos a este pequeño monte? —sugirió—. Desde arriba veremos el lago, además nos servirá de ensayo para escalar la gran montaña que se alza frente a la granja.

Apenas habíamos ascendido la mitad, cuando la luz comenzó a extinguirse. Lejos de sentir temor, quedé fascinado con el paisaje. Nunca había contemplado un anochecer en las montañas, ni tampoco después de aquel he visto otro de similar belleza. Me resulta difícil describir el esplendor de aquel crepúsculo, pero al recordarlo vuelvo a vivirlo.

A mis espaldas el día ya había abdicado, frente a mí la luz aún se debatía. Era un anochecer verde y oro, estriado por leves nubes de un rosa grisáceo. El aire, fuerte y tibio, movía las copas de los árboles que parecían cantar una despedida. Los pájaros vibraban en sus adioses a la luz. Largos minutos permanecí extasiado ante la imagen cambiante en su color. El anochecer, sobre las lomas, pronto fue naranja, y rasgado por nubes transversales más oscuras, entre las que se trasparentaba un purísimo azul.

Fue en ese momento cuando por primera vez percibí en el abuelo un gesto entre inquieto y preocupado. Miraba a derecha e izquierda, luego se detenía y miraba hacia atrás con la duda dibujada en su rostro. Supe, sin ningún género de dudas, que nos habíamos perdido. No le dije nada, sin embargo, y seguimos caminando. Cuando hubimos pasado tres veces por el mismo sitio se detuvo por fin.

—Nos hemos extraviado —confesó—. No encuentro el sendero de regreso a casa.

Entonces sí sentí temor. El abuelo sacó de su mochila dos leves chaquetas y me tendió una.

—Toma, hijo, abrígate porque enseguida hará frío.

Se puso él la otra y a continuación se sentó sobre una piedra.

—Abu, ¿no buscas el camino de regreso? —pregunté desconcertado.

—Tranquilo, hijo —me dijo, adoptando un gesto casi plácido—. Todo se arreglará.

—Pero, Abu, ¿qué haces ahí sentado? —el miedo tiñó de irritación mi pregunta. No podía entender que estuviera tan tranquilo—. Dime, Abu, ¿qué haces?

—Espero —respondió con admirable serenidad—. No hay otra cosa que podamos hacer por ahora.

—Abu —seguí inquiriendo— ¿vas a estar ahí sentado hasta que se haga de noche?

—Eso es exactamente lo que voy a hacer, esperar a que llegue la noche —y notando mi evidente desasosiego, preguntó—: ¿Confías en mí?

—Sí, pero...

—Entonces toma asiento y tranquilízate. Con la noche vendrá la luz...

—¿Con la noche vendrá la luz? —repetí mientras empezaba a pensar que mi abuelito había tomado demasiado sol en el monte.

No hubo que esperar demasiado. El horizonte se tiñó de rojo intenso, poco después se puso de violeta oscuro, y de pronto, como un diamante amarillo en un cielo, ya color vino, fija y cuadrada, apareció la primera estrella. Fue como una señal. Inmediatamente después, la noche, apretada y tensa, se derrumbó sobre los montes.

—Mira —señaló hacia arriba, a la oscuridad del firmamento—, ya llegó la luz. ¿Puedes verla?

No fue hacia arriba que miré, sino al rostro de mi abuelo; cada vez estaba más preocupado por su integridad mental. Estábamos hundidos en la oscuridad, sumergidos en tinieblas, no alcanzaba a ver ni la palma de mi mano, y él hablaba de luz.

—¡Mira hacia arriba! —insistió—. ¿Acaso no ves el mapa que Dios dibuja en el cielo?

Le obedecí a regañadientes.

Alzar la mirada y abrir la boca presa de la admiración fue todo uno; ante mí apareció un cielo cuajado de estrellas. Me parecía imposible que un instante antes todo fuera tinieblas. Lo que ahora tenía ante mis ojos era una confusa e interminable maraña de luces que parpadeaban. Era difícil encontrar en el cielo un espacio negro.

—¡Nunca había visto tantas estrellas! —exclamé, admirado.

—Porque nunca estuviste en un lugar tan oscuro —repuso—. La luz que se prende en el cielo siempre es proporcional a la oscuridad que nos envuelve en la tierra. Recuérdalo, hijo, los cielos más luminosos siempre corresponden a los lugares más oscuros.

Se puso en pie.

—Vamos —me dijo—. El mapa del cielo nos conducirá a casa.

Mientras escrutaba las estrellas, como leyendo en ellas, posó su mano sobre mi hombro y me pareció el toque más suave que jamás hubiera recibido de una persona investida de autoridad. Entonces me dijo:

—El cielo siempre nos guía. No lo olvides, hijo. Cuando enfrentes problemas difíciles o decisiones delicadas, recuerda que si miras a la oscuridad del camino sentirás temor, pero si fijas tus ojos en el cielo encontrarás dirección.

Su mano aplicó una ligera presión en mi hombro mientras añadía:

—Sé que es una extraña paradoja, pero en ocasiones no somos capaces de ver hasta que anochece del todo —reflexionó un instante antes de afirmar—. Sí, hijo, a veces hay que dejar de correr para comenzar a ver, es necesario detener la veloz marcha para levantar la vista. Si alguna vez anochece en tu vida —meditó por un instante y enseguida corrigió—: cuando anochezca en tu vida, porque inevitablemente ocurrirá, tú serás quien decidas el enfoque de tu visión. Elige mirar al cielo, mira a las luces que Él enciende para ti, y descubrirás que éstas te marcarán la ruta. Cuando te sientas perdido escucha al cielo, de allí viene la dirección más cierta —y señalando al firmamento y luego hacia su derecha, replicó—: ¡Por aquí! ¡Este es el camino!

Treinta minutos después estábamos sentados en el porche de casa frente a un humeante plato de sopa. Cuando hubimos terminado de cenar, apagó las lámparas exteriores y se recostó en su silla.

—¡Es majestuoso! —de nuevo observaba el firmamento y me contagiaba su entusiasmo—. Se alcanza a ver incluso alguna galaxia.

—¡Son distintas! —exclamé.

—¿Cómo dices?

—Las estrellas —expliqué, boquiabierto—. Creía que todas eran iguales, pero ahora veo que tienen distinto color y parpadean de manera diferente.

—Dios jamás se repite —comentó la abuela, que estaba sentada a mi lado—. Y aunque hay millones de estrellas, no hay dos que sean iguales.

Bajo aquel espectáculo estelar aprendí que es mucho más fácil resistir la prueba cuando decides enfocar tu mirada al cielo... allí siempre hay luz.

IO

LA FIRMA DE DIOS

Dios, en la naturaleza, es el poeta perfecto.
Robert Browning[7]

Tal vez te preguntes: "Si siempre terminabais perdidos, ¿por qué seguías saliendo a pasear con tu abuelo?".

Pasear con él era una experiencia única. Era... ¿cómo te lo diría?, como ir a la escuela pero sin escuela, o como ver un documental del *National Geographic*, pero mucho más emocionante. Mi abuelito olvidaba el camino de regreso a casa, pero dominaba la naturaleza a la perfección. La vivía y lograba que quien le acompañara la viviera también, y de una forma apasionante. Nunca te diría: "¡Mira, un pájaro!", sino: "¡Mira, un petirrojo!", o: "¡Mira, un gorrión!", o: "¡Qué bello colibrí!". Conocía cada ave a la perfección, aunque estuviera volando lejos o hubiera levantado su trino fuera de nuestra vista. Detenía su paso, ladeaba un poco la cabeza y exclamaba:

"¡Qué precioso canto levanta hoy el jilguero...!".

A su lado, recorrer el campo era crecer. Nunca diría: "¡Qué flor tan bonita!", sino: "¡Qué preciosa amapola"; o: "¡Fíjate qué solidago tan hermoso!", "qué grande ese helecho"; o: "Ese aroma viene del romero", o: "...de la lavanda".

53

Apenas ponía un pie en el jardín atardecido cuando henchía sus pulmones y exclamaba:

—Uummm, falta poco para que la dama de noche y los jazmines expidan su olor espeso y cálido, pero ya se percibe el aroma carnoso de la madreselva y el olor de las puntillas del dondiego, el casi desvanecido del heliotropo y el áspero de los geranios...

Si en alguna extraña ocasión una planta le era desconocida, se entregaba entonces a rebuscar entre sus tallos.

—¿Qué buscas, Abu? —le pregunté aquel día al observarlo escudriñar las hojas de una planta, totalmente concentrado—. Dime, Abu, ¿qué estás buscando?

—La firma de Dios —respondió con naturalidad—. Esta preciosa creación sólo puede ser obra del Altísimo —y en un punto de la búsqueda gritó triunfal—: ¡Aquí está! ¿Ves? —con su dedo largo y huesudo señaló a una diminuta flor que había nacido entre los tallos—. Aquí está su firma. ¡Qué gran artista es Dios! —terminó exclamando—. Todo lo hizo Él, y lo hizo para nosotros... Podría haber creado un solo tipo de flor, pero decidió hacer miles. ¿Sabes que si cada día conociéramos treinta especies de plantas diferentes, aun así una vida no sería suficiente para descubrirlas todas?

—Abu, un profe del cole me dijo que todo esto salió por casualidad...

—¿Casualidad? —interrumpió indignado—. *Causalidad*, querrá decir. Pensar que esta perfección surgió de un golpe de suerte es un atentado a la lógica. ¿Nunca oyó ese profesor la frase de Burton Hillis?: *Dos libros nunca deberían faltar en ninguna casa: la Biblia, que narra los milagros de Dios, y el catálogo de semillas que lo confirma* —y remachó con firmeza—: No hay *casualidades*, hijo, sino *causalidades*, y entre todas, una que destaca sobre las demás: el amor que Dios nos tiene y que le lleva a sonreírnos desde cada ventana de la creación. Todo esto lo hizo Dios —repitió con gozo—, y lo hizo para nosotros. ¿Te das cuenta, hijo? No es sólo que Dios habla, es que todo habla de Dios.

—Es muy bonita —yo también me agaché para admirar la flor recién descubierta.

—Sí. Su firma está en los pétalos de cada flor —dijo sin dejar de admirar la creación—. Su huella en la forma de cada nube; Su voz en el canto de cada ave.

—¿Ves a Dios en todo esto? —con mi mano abarqué el campo; y aún el cielo abarqué con el movimiento de mi brazo—. ¿Le ves en todo? —insistí.

—¿Acaso no lo ves tú? —parecía perplejo—. Es imposible no verlo entre tanta belleza. Dios se asoma sin disimulo desde la creación. No concibo que alguien no pueda verlo, ni admirarlo, ni adorarlo. Está tan cerca...

En este punto su voz se quebró en pedazos de emoción, y yo querría haberle dicho que también en su rostro veía al Creador, y lo escuchaba en sus palabras, y me hablaba en su sonrisa. ¡Qué cerca estaba Dios de mi abuelo!, ¡y qué cerca estaba mi abuelo de Dios!

II

CAMINAR CON MESURA Y PRUDENCIA ES LA FORMA MÁS SEGURA DE LLEGAR PRONTO

La tragedia en la vida no consiste en no alcanzar tus metas. La tragedia en la vida es no tener metas que alcanzar.

Benjamin E. Mays[8]

Pero apenas he dicho nada de ella…Déjame que te hable ahora de mi abuela. Ella era…era…¡impresionante! Sentía por ella un intenso amor, teñido de respeto y admiración. Me encantaba verla cuando salía al porche al caer la tarde para su tiempo de lectura. En una mano su bastón, en la otra su Biblia, la cual transportaba con tal devoción que, más que portarla, parecía abrazarla. Su cabello blanco era reflejo de un alma más blanca todavía. Varias veces me dio la impresión de que cuando ella salía al porche, Dios salía de su mano. ¡Y cantaba durante todo el día! No lo hacía muy bien, pero ponía tanto cariño al entonar que al final acababa gustándote. Y cuando guisaba lo hacía con una tranquilidad asombrosa, ¡siempre a fuego lento!

—Estas alubias estuvieron cociéndose durante dos horas.

Así afirmaba mientras degustábamos el delicioso plato, y yo sabía que no exageraba, porque la vi poner el agua al fuego cuando aún era temprano, y luego observé como a cada rato giraba la cuchara de madera dentro de la olla, y la escuché cantar cuando añadía un poco de sal.

—Pero, Aba —le dije un día—. ¿Por qué gastas tanto tiempo en guisar? ¿No tienes prisa?

—¿Prisa? ¿Por qué habría de tenerla? —me miró extrañada—. Dios resolvió lo más urgente que es mi destino eterno, y si alguna otra cosa quiere crearme ansiedad se la encomiendo a Él y descanso. No hay razón para angustiarse.

—Pero la mayoría de las personas siempre tienen prisa —le dije.

—Tienes razón —admitió mi abuelo—, sin embargo caminar con mesura y prudencia sigue siendo la forma más segura de llegar pronto. Ya tuve en el pasado ocasiones de precipitarme y demasiado bien las aproveché —asintió varias veces con la cabeza para afirmar—: Vez tras vez comprobé que correr no me ayudaba a llegar antes, sólo me ayudaba a tropezar —reflexionó un instante y añadió—: Temo que muchos viven a la carrera porque se dejaron enredar en un engaño: comprar cosas que no necesitan, con dinero que no tienen, para impresionar a gente a la que no soportan. No recuerdo quién me lo dijo ni cuándo lo hizo, pero la sentencia se quedó grabada en mí: *El que compra lo superfluo, pronto tendrá que vender lo necesario.*

—No es así en todos los casos, por supuesto —matizó la abuela—, pero a menudo ese es el problema. Lo peor es que quien cae en ese engaño, después apenas puede disfrutar eso que adquiere, porque está todo el día ocupado, ganando el dinero que no tenía, para pagar aquello que no necesitaba. Hijo —me dijo entonces—, ¿tú ves que el abuelo y yo tengamos lujos?

—No, Aba.

—¿Ves que nos falte algo?

—No, Aba.

—¡Pues ahí lo tienes! —exclamó como si acabara de descubrir algo crucial—. La clave está en apreciar lo que tenemos sin codiciar lo que nos falta. Hay que reconocer la sabiduría de Epicuro cuando dijo: *¿Quieres ser rico? Pues no te afanes en aumentar tus bienes, sino en disminuir tu codicia.*

Intervino entonces el abuelo:

—Esa frase es bien cierta —reconoció, y mirándome me dijo—: Desde luego que no estamos diciéndote que no debas soñar, ni estamos diciendo que sea malo perseguir metas y anhelos. Sólo te decimos: aprende a ser feliz con lo que tienes mientras persigues lo que quieres —sonrió al concluir—: Hijo, en esencia, hacen falta muy pocas cosas para vivir, y esas pocas muy poco.

—Y cuando aprendes a apreciar lo que de verdad hace falta —apuntó ella—, descubres que la ansiedad desaparece y dispones entonces de tiempo para cocinar un sencillo plato con calma y disfrutarlo con gozo.

—El mayor problema de las personas está aquí adentro —el abuelo se tocó la cabeza con insistencia—. Si dejas que tu mente se llene de ansiedad, vivirás angustiado; si permites que en ella anide la codicia, vivirás codiciando. Por eso la Biblia (Filipenses 4:8) nos dice que pensemos en lo bueno, en lo amable, en las virtudes... Si cedemos el centro de nuestro pensamiento al Señor —la sonrisa con la que el abuelo coronó la frase, me hizo sonreír a mí también— viviremos en paz y disfrutaremos de serenidad.

Me sorprendió descubrir que al lado de mis abuelos había tiempo para jugar, cantar, reír... para compartir con otros lo que les hacía felices. Algunas veces me he preguntado: ¿Por qué será necesario llegar a viejo para descubrir que no hay que agobiarse tanto cuando uno es joven?

Las verdades que ellos me transmitieron fueron posándose en mi conciencia con la suavidad de una pluma, pero dejaron una marca indeleble, como quien pisa sobre cemento fresco. ¡Qué razón tuvo quien dijo que el que escribe en el alma de un niño escribe para siempre!

Ellos me enseñaron que cuando lo urgente está resuelto, lo secundario encuentra su lugar y la ansiedad se disuelve en vapores de paz. Aprendí a su lado que hacen falta muy pocas cosas para vivir, y cuando despejas tu agenda de lo trivial, descubres que hay tiempo y espacio para lo esencial.

—Pero si alguna vez llegara a faltarte algo —dijo mi abuelo aquel mismo día—, si en alguna ocasión notaras que algo importante falta —repitió—, debes confiar plenamente en Dios; lo necesario llegará, no siempre cuando lo deseas, pero sí cuando de verdad lo necesitas.

—Eso es fe —puntualizó la abuelita—, dejarle a Él los tiempos y los detalles. Dios es mucho más sabio que nosotros y nunca llega tarde —aseguró—; Él nunca se equivoca.

12

¿NAVIDAD EN VERANO?

Ojalá pudiéramos meter el espíritu de la Navidad
en jarros y abrir uno cada mes del año.

Harlan Miller[9]

—¡Yuuupiiii! —exclamé esa mañana. Disfrutaba mucho balanceándome sobre el columpio que colgaba de aquel inmenso abeto.

Desde el primer día ese árbol llamó mi atención. Pero no sólo me impresionó su altura —destacaba con creces sobre los robles, haciendo que éstos parecieran arbustos— me fascinaba, además, la manera en que su copa iba afilándose hasta terminar en un agudo pico que parecía hincarse en la panza del cielo.

—¡Más fuerte, abuelito!

Con inmensa paciencia, él me empujaba, y al balancearme veía aproximarse, veloz, el cielo azul de verano.

—¿Sabes que este columpio no es la única sorpresa que guarda el viejo abeto? —me dijo.

—¿Ah, no? —interrogué con infantil curiosidad—. ¿Qué otra sorpresa tiene?

—Esta noche lo descubrirás.

—¿Por qué esta noche? —pregunté decepcionado—. ¿Por qué no puede ser ahora?

—Ten paciencia —repuso dando un nuevo empellón al columpio—. Valdrá la pena que aguardes a que anochezca.

La intriga me mantuvo inquieto todo el día; a lo largo de la tarde debí hacerle al menos diez veces la misma pregunta:

—¿Ya, Abu?

—Aún no —respondía cada vez con admirable paciencia—. Todavía no ha anochecido...

Y yo volvía a sentarme sobre el columpio con mis ojos fijos en el cielo, viendo cómo se quebraba la luz del sol por entre las ramas de los árboles y la esfera iba deslizándose, como saltando de rama en rama, aproximándose cada vez más a las montañas que perfilaban el horizonte.

—¡La cena está lista! —escuché, por fin, a la abuelita.

—Mientras cenamos anochecerá —prometió él.

Nunca, ni antes ni después de ese momento, he sentido tantos deseos de que terminara un día. Comí mi porción de pescado en un tiempo record y volví a formular la pregunta que ya había repetido hasta la saciedad:

—Abu, Aba, ¿es de noche ya?

—¡Sí! —exclamó ella, y su exclamación se me antojó música celestial—. ¡Llegó el momento!

—¡Bieeen! —salté de alegría.

—Ven conmigo —me invitó el abuelo.

Se sentó sobre un banco de piedra y yo lo hice a su lado. Los árboles, frente a nosotros, se recortaban como oscuras siluetas sobre el cielo nocturno y destacaba, imponente, el viejo abeto. Una luna, redonda y blanquísima, parecía haberse posado justo sobre la aguda cúspide del árbol.

—¿Por qué no se sienta con nosotros la abuelita? —pregunté.

—Tiene que hacer algo para que descubras la sorpresa que guarda el abeto —me explicó.

—¡Qué raro! —musité.

—¿Estáis listos? —preguntó ella.

—¡Síííí! —grité.

—Pues, ¡una, dos y tres!

Fue terminar la frase y...

—¡Oooooh!

Quedé boquiabierto ante la belleza de la imagen: el inmenso abeto se había convertido en una montaña de luces. Cientos de bombillas se encendieron entre sus ramas y resplandecían en la negrura de la noche. La luna, que permanecía sobre el agudo extremo del abeto, parecía ahora la picota de color que se coloca en los árboles navideños. Toda la arboleda perdió su aspecto amenazador, adquiriendo un matiz mágico al ser salpicada por la luz.

—¡Parece Navidad! —repuse sin salir de mi asombro—. Estamos en verano pero parece Navidad...

La abuela vino a sentarse a nuestro lado y durante varios minutos admiramos la preciosa escena. Luego comentó:

—¿Te das cuenta qué mágica es Villa Fe? Aquí convertimos cualquier día del año en Navidad.

—Abu, Aba, ¡qué suerte tenéis de vivir aquí!

—No se trata de suerte —me explicó el abuelo—. Cualquier persona en cualquier lugar puede convertir un día normal en Navidad.

—¿Cómo se hace eso? —pregunté.

—¿Te diste cuenta de que pulsé un interruptor para iluminar el árbol? —yo asentí y ella continuó—: Pues ese interruptor es la fe. Decidiendo creer *en* Dios y creerle *a* Dios, la Navidad surge en cualquier momento y lugar.

—Así es —confirmó el abuelo—. Sólo es necesario meditar un instante en la preciosa obra que Él hizo; en el amor que manifestó y en lo que eso significa para nosotros. Así se inaugura la Navidad en nuestros corazones.

—Creer *en* Dios y creerle *a* Dios —ratificó la abuelita—. Sólo eso es necesario.

De nuevo se hizo el silencio entre nosotros mientras seguíamos admirando la escena. Me dio la impresión de que el árbol exhalaba luz que alcanzaba a cada rincón.

—No fue fácil cubrir ese gigante de luces —reconoció el abuelo señalando al abeto iluminado.

—Es muy alto —afirmé—. ¿Cómo pudiste subir todas esas bombillas?

—Fue complicado —repitió—. Pero la abuela y yo quisimos hacerlo para alegrar esta granja y compartir la alegría con todo el valle.

—Lo más bonito de este árbol —añadió ella— es que puede verse desde muy lejos.

—Lo encendemos en cualquier época del año, cómo hicimos ahora mismo —intervino el abuelo— y al verlo en la distancia son muchos los que se aproximan a preguntarnos la razón de esta inundación de luz.

—Se quedan sorprendidos cuando les decimos que para nosotros también hoy es Navidad —rió la abuela— y entonces les explicamos que el auténtico mensaje de la Navidad es Jesús naciendo en nuestros corazones y que ese milagro no se limita a un día al año.

—¿Y qué os dicen? —quise saber.

—Muchos abandonaron esta granja viviendo una nueva Navidad en su corazón —me miró entonces para concluir—. ¿Sabes?, el mundo necesita luces.

—¿Tenemos que llenar más árboles con bombillas? —pregunté con inocencia.

—No es necesario llenar más árboles con bombillas —rió la abuelita—; lo que hace falta son personas cuya vida sea luz.

—Exacto —ratificó él—. Hay dos maneras de difundir la luz, dijo Lin Yutang, ser la lámpara que la emite, o el espejo que la refleja. Cuando declaramos nuestra fe con valentía y recordamos al mundo que hay esperanza, confianza y verdadera vida en Jesús, somos espejos que reflejan su luz.

—¿Y yo puedo hacer eso?

—Desde luego que sí —el abuelo puso su brazo sobre mi hombro y lo presionó con cariño—. Pero, ¿sabes, hijo? La luz de Jesús no se transmite sólo con palabras, sino especialmente con acciones. Los actos comunican más que la voz.

—Abu, no lo entiendo bien.

—Lo que intento decirte —explicó pacientemente—, es que los mensajes más poderosos que podemos difundir no están formados por verbos y adjetivos, sino por acciones. El mundo lleva veintiún siglos *escuchando* el evangelio, y lo que ahora necesita es *ver* el evangelio. Verlo en vidas que no se conforman con *llevar* un mensaje, sino que *son* un mensaje.

—¿Por qué no se lo cuentas con una historia? —apuntó la abuela—. Seguro que lo entenderá más fácilmente.

—¡Buena idea! —replicó él—. Además recuerdo una que es real y muy bonita.

—¡Sí, Abu! —aplaudí—. ¡Me encantan las historias!

—Se trata del caso de un vecino del pueblo cercano —comenzó—. Era un hombre de carácter feo y grosero. No tenía ni un solo amigo en toda la comunidad, porque todos le temían y a la vez le aborrecían.

—¿Por qué, Abu?

—Por su temperamento violento y malhumorado. Nunca saludaba, nunca sonreía y siempre buscaba problemas y discusiones. Pero un buen día, algunos apreciaron que ese hombre cambiaba su manera de ser. Alguno aseguró haberlo visto sonreír y saludar. Los vecinos primero le miraron con sospecha, después con fascinación, y finalmente alguien comunicó la noticia: "¡Se ha hecho cristiano! ¡Dice que tiene a Jesús en el corazón!".

El abuelo continuó—: Un vecino tuvo el valor de acercarse y preguntarle: "¿Dónde escuchó usted el evangelio de Jesús?". El hombre respondió: "Yo no escuché el evangelio, yo vi el evangelio. Lo vi en aquella familia de cristianos. Pude verlo en la mujer de esa casa, que cuando supo que mi esposa estaba enferma trajo un plato de comida. Lo vi en el marido, el único hombre de la comunidad que seguía saludándome en la mañana, aunque yo nunca respondía a su saludo. Vi el evangelio en los hijos de ese matrimonio, los únicos niños que no se cambiaban de acera cuando yo venía de frente, e incluso me sonreían. Vi en todos ellos el evangelio, y al verlo me convencí, y convencido me convertí".

—Creo que voy entendiéndote, Abu.

—Es así —la abuelita intervino—, un plato de comida en la puerta de una persona que padece necesidad, es un mensaje más poderoso que hablar muchas horas sobre el amor al prójimo.

—¡Exacto! —asintió el abuelo—. Acercarte a alguien que padece frío y darle tu chaqueta es un discurso más convincente y persuasivo que varias conferencias acerca de la caridad. Los mensajes más contundentes, seductores y elocuentes no viajan en el vehículo de la voz, sino en el de las acciones —aseveró, y enseguida concluyó diciendo—: Una frase que se atribuye a Agustín de Hipona lo resume muy bien: *Predica el evangelio siempre, y si fuera necesario incluso con palabras.*

—¿Cómo puedo aprender a llevar la Navidad a otros aunque no sea Navidad? —era sincero en mi interrogante; veía en aquellos dos ancianos a auténticos emisarios de la paz, y quería ser como ellos.

—Cuando Jesús está vivo en mí, su luz impregnará mis actos, palabras y hasta mi mirada —fue la entrañable ancianita quien respondió—. Lo hará de forma natural, no tendré que provocarlo y no podré evitarlo. Él en nuestro corazón provoca un glorioso incendio cuyo resplandor es imposible contener. En cada acto y en cada reflexión relumbrará ese brillo incontenible de su presencia.

13

UNA CARTA DE AMOR

Las Sagradas Escrituras son cartas desde casa.
Agustín de Hipona

Un momento predilecto de mi verano era ese tiempo reposado en el que mis abuelitos me leían la Biblia después de desayunar. Casi siempre ocurría de la misma manera: al despertar me llegaba el olor del pan recién tostado, a veces era ese revitalizador aroma lo que me despertaba, y eso me hacía saltar de la cama. Corría al exterior y los encontraba en el porche, disfrutando del aire puro y fresco de la mañana. Orientaban sus gastadas mecedoras hacia el horizonte por donde el sol saludaba al inaugurar el día. Solían estar en silencio, por lo que sólo se escuchaba el canto de las aves y el rumor del aire despeinando los árboles. Con frecuencia, me detenía tras ellos por el simple hecho de admirar la escena: mis dos abuelitos recreándose en la naturaleza y sonriendo plácidamente. Alguna vez ella comenzaba a cantar muy bajito y mi abuelo marcaba el ritmo dando golpecitos con su pie sobre el suelo de madera.

Me gustaba observarles durante un rato y luego saludarles:

—¡Hola, Abu! ¡Hola, Aba!

Se giraban sorprendidos y se incorporaban para abrazarme mientras decían:

—¡Buenos días, cariño!, ¿has visto qué hermoso día nos ha regalado Dios?

Lo decían sin fingimiento, con absoluta convicción y plena naturalidad. No había en sus acciones, ni tampoco en sus expresiones, matiz alguno de misticismo o fingida espiritualidad. Recibían cada día como un regalo de Dios que desempacaban con expectación, decididos a saborearlo. Ellos me enseñaron a recibir cada jornada como un presente cargado de oportunidades.

—Siéntate —me decía entonces mi abuela—, voy por tu vaso de leche y tus tostadas.

Mientras desayunaba, mi abuelo solía jugar conmigo a "adivina quién es", un pasatiempo consistente en averiguar qué pájaro era el que cantaba.

—¡Escucha! —mantenía su dedo índice fijo en el árbol del que provenía el trino y la mirada fija en mí—. ¿Qué ave fue la que cantó?

—¡Un ruiseñor! —contestaba.

—¡No! —me decía sorprendido de mi ignorancia—. Son las diez y media de la mañana. El ruiseñor no canta tan tarde, sólo lo hace al amanecer. Por cierto —adoptaba un gesto evocador—, ¿oíste alguna vez esa frase que dice: *Fe es el pájaro que canta cuando todavía no ha amanecido?*

—¿Qué significa eso, Abu?

—Que la fe nos permite vivir con la esperanza de que, aunque todavía estemos sumidos en el corazón de la noche, amanecerá. Eso es cantar bajo la lluvia, adorar aunque las circunstancias inviten a lamentar, creer que la noche no es la enemiga, sino el útero donde se está gestando un nuevo día. El cantautor argentino Facundo

Cabral entonó versos sorprendentes, me encanta el que dice: *Cuando un pueblo trabaja Dios lo respeta, pero cuando un pueblo canta, Dios lo ama.* Creo que Dios ama que cantemos aún en medio de la noche del alma.

—No entiendo todo lo que me dices, Abu.

—No te preocupes, hijo, irás comprendiendo cada cosa en su momento.

Reanudaba entonces el juego en el que yo casi nunca acertaba y él casi nunca fallaba.

Cuando terminaba de desayunar, los abuelitos traían sus Biblias, las abrían sobre la mesa y juntos leíamos. Aunque tenía dificultades para unir las letras y leía a trompicones, ellos se empeñaban en que yo también leyera. Con infinita paciencia esperaban a que concluyera para continuar ellos.

¡Me gustaba tanto escucharles! En sus bocas, la Biblia cobraba vida y se volvía una historia apasionante de la que siempre aprendía algo nuevo.

Un día les pregunté a mis papás:

—¿Por qué la Biblia suena diferente cuando la leen los abuelitos?

—Porque lo hacen con devoción —me explicó mamá—. Ellos saben que la Biblia es un mensaje que Dios nos ha escrito, y la leen como dos enamorados que reciben correspondencia de Aquel a quien aman, de Aquel que les ama.

Yo no sabía qué era eso de "leer con devoción", pero entendí que debía ser algo muy bueno, porque la forma como leían hacía que a mí me entrasen ganas de leerla también.

—Yo pensé que la Biblia era un libro muy aburrido —les confesé un día—, pero vosotros hacéis que sea muy divertido.

—¿La Biblia un libro aburrido? —replicó el abuelo con sorpresa—. Hijo, acompáñame un momento.

—¿Adónde vamos, Abu? —pregunté sorprendido.

—Ven, hijo, ven, quiero que veas algo.

Fue delante de mí hasta la puerta de una habitación que yo no había visitado. Una vez pregunté a la abuelita qué había allí, y ella respondió: "Es el cuarto secreto del abuelo". Nunca, hasta ese momento, habíamos vuelto a hablar sobre aquel cuarto.

—Observa —me dijo el abuelo abriendo la puerta y pulsando el interruptor de la luz.

—¡Cuántos libros tienes, Abu! —se trataba de una estancia de buen tamaño. Todas las paredes estaban forradas de estanterías, desde el suelo y hasta el techo. En aquellos entrepaños se apretaban cientos de volúmenes.

—Hay ciento veinte estantes, y en cada uno de ellos descansan cincuenta y cinco libros. Tengo en total seis mil seiscientos ejemplares.

—¿Los has leído todos, Abu? —no daba crédito a lo que veía.

Aquella habitación era un auténtico museo del libro. Volúmenes de distintos tamaños y diferentes encuadernados convivían en un orden riguroso.

—Todos —afirmó—, y algunos de ellos varias veces. Sé el título de cada uno y no tardaría ni sesenta segundos en localizar cualquier libro que me pidieras.

—¡Claro! —le dije—, por eso sabes tantas frases bonitas.

—Hijo, leo todo y leo siempre —asintió y sonrió al añadir—: Si leer demasiado es un problema, yo tengo ese problema. Si paso más de dos horas sin leer, noto que me duele la cabeza.

—¿Es importante leer? —quise saber.

—No —dijo escuetamente—, leer no es importante, sino imprescindible —reflexionó un instante antes de apuntillar—: Lo que la comida y la bebida representan para el cuerpo, la lectura lo es para la mente y el alma.

—Lee poco y serás como muchos; lee mucho y serás como pocos —era la abuelita, que acababa de entrar en la habitación—. ¿Nunca oíste que un lector vive mil vidas antes de morir, y el que no lee, solo vive una?

—Hijo —repuso el abuelo—, lo que intento explicarte es que ser un lector compulsivo me autoriza a decirte que no se ha escrito, ni jamás se escribirá un libro como la Biblia. La Biblia es perfecta en su estilo y perfecta en su contenido.

—Y no hay texto más emocionante que éste —la abuela sostenía la Biblia en su mano mientras aseguraba—. No es aburrido, desde luego que no. Es un documento apasionante.

—Al leerlo vosotros suena distinto —les aseguré.

—La Biblia —me aclaró la abuelita, recordándome lo que mamá me había dicho— es como una larga carta que Dios nos escribe —al darse cuenta de que todavía no estaba en edad de comprender los sentimientos de un enamorado, buscó otro ejemplo—. Es como si tu mejor amigo se hubiera ido de viaje a un lugar muy lejano y desde allí te escribiera contándote cosas emocionantes y explicándote también lo que haréis cuando volváis a reuniros.

—Eso sí lo entendí, porque durante el verano echaba de menos a Felipe Reyes, mi mejor amigo, y pensaba que una carta suya la leería con mucho interés.

—Además —dijo él—, la Biblia es el único libro que no sólo informa, sino que además transforma. El único manifiesto que no contiene únicamente datos, sino que contiene poder.

Luego, en el discurrir de los años, he visto a personas que por su forma de leerla y de explicarla, convierten la Biblia en un libro apasionante, divertido y constructivo. Así eran mis abuelos: lograron enamorarme de la Biblia y me enseñaron que hay sabiduría en inaugurar el día asomándonos a ese conjunto de cartas escritas por Dios para nosotros.

—Abu —le dije un día—. Tú conoces muy bien la naturaleza, pero también conoces la Biblia.

—¡Claro! —me dijo muy sonriente—. En la naturaleza descubro la creación de Dios, y en la Biblia me encuentro con el Dios de la creación —abrió ese libro que tanto amaba y me dijo—: Dios nos mira desde estas páginas y nos deja que le miremos, así le conocemos mejor —aseguró—. Le descubrimos como Él es y le escuchamos.

—Eso es fe —replicó la abuelita—. Escuchar a Dios hablándonos a través de estas páginas y guiándonos a lograr nuevas conquistas.

—¿Conquistas? —interrumpí extrañado, pues me sonaba a trama de películas de las que tanto me gustaban.

—Sí, hijo —afirmó la abuela, y lo siguiente fue una gozosa exclamación—: ¡Una gran fe en un gran Dios conquistará grandes cosas!

Pero, sin duda, el momento más esperado por mí era cuando, casi cada noche y justo antes de dormir, mi abuelo me contaba una historia. Tenía un repertorio inagotable y cada una era mejor que la anterior. A veces eran historias ficticias y, en ocasiones, vivencias suyas, pero todas contenían enseñanzas que me llevaban a reflexionar y grababan en mi mente valores que condicionaron mi futuro.

—Hoy hablábamos de conquistas —me dijo esa noche—. ¿Sabes cuál es el reino más difícil de conquistar? —inquirió.

—¿Cuál, Abu?

—Nuestro propio yo —y me explicó—: Conquistar nuestro ego, nuestro orgullo, es lo más difícil. Hace mucho tiempo me ocurrió algo que me hizo ver esto con claridad. ¿Quieres escucharlo?

—¡Sí! —respondí de inmediato.

—«Cuando estudiaba en el instituto, el matón de octavo curso me dio un puñetazo en el estómago. No sólo me dolió y me enfureció, sino que la vergüenza y la humillación fueron casi insoportables. ¡Quería vengarme desesperadamente! Planeé esperarle junto al aparcamiento para bicicletas al día siguiente y darle su merecido.

»Por alguna razón, confié mi plan a Nana, mi abuela. Fue un gran error. Ella me echó uno de sus extensos sermones (esa mujer sí que sabía hablar). Entre otras cosas, recuerdo vagamente que me dijo que no debía preocuparme por ese gallito. Dijo: "Las buenas acciones engendran buenos resultados, y las malas acciones engendran malos resultados". Yo le contesté, educadamente, que creía que se equivocaba. Le dije que yo realizaba siempre buenas acciones, y lo único que recibía a cambio eran "monsergas". Ella se mantuvo en sus trece. Dijo: "Cada buena acción volverá a ti algún día, y también cada mala acción que realices".

»Tardé treinta años en comprender el sentido de sus palabras. Nana vivía en un asilo de ancianos. Todos los martes yo iba a buscarla y me la llevaba a cenar. La encontraba siempre elegantemente vestida y sentada en una silla junto a la puerta. Recuerdo vivamente nuestra última cena juntos antes de que ingresara en el hospital. Fuimos a un pequeño y sencillo restaurante familiar. Pedí carne asada para Nana y una hamburguesa para mí. La comida llegó y, cuando ataqué el plato, observé que Nana no comía. Se quedó mirando su plato. Entonces dejé el mío a un lado, cogí el de Nana, lo puse delante de mí y le corté la carne en trozos pequeños. Luego le devolví el plato. Mientras ella, lentamente y con gran dificultad, se llevaba la carne a la boca con el tenedor, me asaltó un recuerdo que hizo aflorar lágrimas en mis ojos. Cuarenta años antes, cuando yo era un niño sentado a la mesa, Nana siempre cortaba la carne de mi plato en trozos pequeños para que pudiera comérmelo.

»Habían tenido que transcurrir cuarenta años, pero la buena acción había sido correspondida. Nana tenía razón. Cosechamos exactamente aquello que sembramos. "Cada buena acción volverá a ti algún día"».

—¿Y qué fue del matón de octavo curso? —pregunté con la voz quebrada por la emoción.

—Se convirtió en el matón de noveno curso —respondió con brevedad y emocionado también.

14

UN GRAN MOTIVO
PARA MADRUGAR

*La oración es el balbuceo entrecortado del niño
que cree, el grito de guerra del creyente que
lucha y el réquiem del santo agonizante que se
duerme en los brazos de Jesús. Es el aire que
respiramos, es la clave secreta, es el aliento, la
fortaleza y el privilegio de todo cristiano.*

Charles Spurgeon[10]

"Me levantaré temprano para hacer *todo lo importante*".

Varias veces, al retirarse por la noche a descansar, el abuelo había dicho esa frase, y cada vez me intrigaba más aquello *importante* que le hacía madrugar. Pude, por fin, averiguarlo aquel día en el que yo también desperté antes de lo habitual.

—Mañana desayunaremos chocolate con churros.

Esa promesa hizo la abuelita cuando el viernes nos fuimos a dormir. Así que, apenas hubo amanecido el sábado cuando, motivado por la expectativa del suculento desayuno, salté de la cama y corrí hacia el salón.

La imagen hizo que me detuviera de golpe. Lo encontré arrodillado sobre unos almohadones, con sus codos apoyados en el sillón orejero y su rostro entre las manos. Durante varios segundos lo observé sin moverme. Parecía hablar con alguien, pero no había nadie a su lado. Un sentimiento diferente, desconocido y sagrado me embargó por completo. Tuve la certeza de que yo no era el único que contemplaba esa escena. Una firme convicción me tomó por completo: Dios también era testigo de aquel instante, es más, supe que era con Él con quien hablaba mi abuelo.

¿Era eso lo que le hacía madrugar?

Muchas veces le vi sentado en ese mismo sillón, contemplando el jardín a través de la ventana. Lo más frecuente era verlo usando esa butaca para leer, siempre admiré que pudiera pasar varias horas embebido en un libro y meditando, pero nunca antes lo había encontrado con sus rodillas hincadas en dos almohadones y los codos sobre el asiento... orando. La escena me provocó una mezcla de sensaciones entre las que prevalecían respeto y admiración por ese hombre a quien consideraba un sabio y que ahora, además, me parecía extraordinariamente humilde. Lo aprecié más aún y le valoré al alza. El eco de una sentencia escuchada hacía tiempo, resonó en mi memoria: *Las personas verdaderamente grandes son verdaderamente humildes, porque grandeza es saber mantener la humildad.*

Así que eso era lo *importante* que le hacía abandonar la cama temprano. Aprendí que el secreto de las conquistas que mi abuelo alcanzaba para Dios, radicaba en que su corazón había sido conquistado por Él. En el amanecer escuchaba a Dios y a lo largo del día repartía esas joyas con los hombres. Conocer ese secreto me hizo confiar aún más en el venerable anciano. Saberle tan cerca de Dios me hizo sentir muy seguro a su lado.

Viéndole tan entregado a la oración hice un ademán de retirarme para no molestarle, pero al dar un paso atrás golpeé una silla con el pie. Se giró sobresaltado y me miró, fue entonces cuando observé que lloraba.

—¿Qué te pasa, Abu? —corrí hacia él y me arrodillé a su lado—. Dime, ¿qué te pasa?, ¿por qué lloras?

—Tranquilo, hijo, no me ocurre nada —me abrazó y alborotó mi cabello con su mano—. ¿Qué tal descansaste esta noche?

—Pero, Abu, ¿por qué estás llorando? —ignoré su pregunta queriendo que respondiera a la mía—. Si no te pasa nada, ¿por qué lloras?

—No siempre se llora por algo malo —había muchísima ternura en su voz—. Ni siempre es malo llorar.

—¿No?

—Claro que no.

Tal vez para confirmarlo liberó una carcajada cristalina, y me pareció rarísimo que alguien estuviera riendo con los ojos llenos de lágrimas.

—A veces se llora de alegría —me explicó—. O de amor, como ahora mismo me ocurre a mí.

—¿Llorar de amor? —no lo entendía bien—. ¿De amor por quién?

—De amor por ti —señaló—, y de amor por la abuelita, y de amor por Dios. ¿Ves? Ya te he dado tres grandes razones para llorar de alegría, y podría darte muchas más.

Mi gesto debía resultar cómico pues cuando volvió a mirarme rió con ganas y me abrazó.

—De verdad, hijo, no me ocurre nada —me decía sin dejar de reír—. Simplemente me siento tan seguro y confiado en Dios que no tengo sino ganas de llorar de alegría. Algún día lo entenderás.

—¿Te levantas temprano para hablar con Dios? —le dije.

—No conozco mejor forma de inaugurar el día que conversando con Aquél que me lo regala —afirmó—. Hablar con Dios es lo mejor para conocerle, y conocerle es la perfecta manera de aprender a confiar en Él. No resulta nada difícil tener fe en Dios cuando le descubres. Cuando te zambulles en su corazón y conoces a fondo quién es y cómo es; la fe surge de manera natural.

Aquel sábado aprendí que mi abuelo era un hombre enamorado, y que ese amor le hacía llorar y también reír, y sobre todo, ese amor le hacía vivir. Sí, vivir en todo el enorme sentido de la palabra.

—Vamos —el abuelo se había incorporado—. El chocolate con churros nos está esperando.

Le acompañé hasta el porche de la casa, donde un suculento desayuno nos saludó desde la mesa.

—¡Abu, Aba! —exclamé señalando a la elevada peña que se alzaba frente a la casa— ¡Mirad, las nubes tapan a la montaña!

Formaciones nubosas ceñían la parte alta del monte impidiendo ver la cumbre.

—No he olvidado lo que te dije —aseguró—. Un día lo escalaremos.

—¿Me lo prometes?

—Te lo prometo —me dijo—. Y ya verás que los dos alcanzaremos la promesa. No resultará fácil, pero lo lograremos y descubrirás que desde esa cima se domina todo el valle y se ve a las personas como si fueran hormiguitas.

Hubiera querido decirle que también él me parecía alto como un monte. No sé bien la razón, pero después de verlo postrado en oración me parecía más alto

y grande todavía. Sí, pensé en decírselo, pero el chocolate con churros ya estaba sobre la mesa y corrí a
devorar aquel delicioso desayuno.

15

GRANDES LECCIONES EN EL DIMINUTO PICO DE LAS AVES

Haz lo que puedas, con lo que tengas, donde estés.
Theodore Roosevelt[11]

—¿Dónde está Aba? —pregunté mientras rebañaba el fondo de la taza con mi cucharilla.

—Dando de comer a los pajaritos —respondió el abuelo.

—¿Dando de comer a los pajaritos? —repetí.

—¿Quieres verlo? Acompáñame.

Seguí al abuelo, quien me llevó a la cocina.

La escena me pareció fascinante. La ventana de la cocina estaba abierta y el alfeizar lleno de pequeños pajarillos que piaban alborozados mientras ella les arrojaba pan desmenuzado. Cuando reparó en mi presencia me dijo:

—¡Toma! —me dio unos pedazos de pan—. Dales tú de comer.

Apenas abrí mi mano y un pajarillo saltó sobre ella, picoteó varias veces la miga de pan y alzó la cabecita enfocándome con uno de sus ojitos. Me pareció ver la gratitud dibujada en su diminuta pupila.

—¿Te das cuenta de que viven tranquilos y sin ningún afán? Dios les da de comer.

—No, Aba —corregí—. No les da de comer Dios, les estás dando de comer tú.

—No, precioso mío —alborotó mi cabello con mucha ternura—. Es Dios quien los alimenta. Hoy lo hace usando mis manos, pero si yo no estuviera, los alimentaría igualmente a través de otras manos, como está haciendo con las tuyas.

Eran dos los gorriones que ahora picoteaban la palma de mi mano.

—Dios cuida siempre de nosotros —continuó ella— y si el manantial que hoy te sacia llegara a secarse, no te desesperes, el agua llegará por otro cauce. Recuérdalo siempre, hijo —me pareció llamativo el énfasis y la fijeza con que me miraba al concluir—: Dios ha prometido cuidar de ti. Si una puerta se cierra, Dios abrirá otra, y mil ventanas abrirá si fuera necesario para que nada te falte. Eres su hijo —me señaló con una intensidad sorprendente—, y Él es un padre amoroso y responsable. Nada te faltará.

Me sentí contagiado por su fe y atesoré en mi corazón aquella enorme lección de confianza.

—Observa esto —dijo entonces el abuelo—. ¿Ves lo que tengo en la mano?

—¡Es pan molido! —respondí enseguida—. Como el que usa Aba para cocinar.

—¡No! —replicó la abuelita riendo—. No es pan, aunque lo parece, sino serrín.

—¿Serrín? —no sabía qué era eso.

—Ralladura de madera —explicó mi abuelo—. Por su aspecto y color parece pan, pero es madera desmenuzada. ¡Atento! —el abuelo tendió la mano junto a los pajarillos, pero estos le ignoraron totalmente—. ¿Te das cuenta?

—¡Jo! —repliqué—. A mí me has engañado, pero a los pajarillos no.

—¡Mira ahora! Este sí es pan que he rallado para las croquetas que haré mañana —era la abuelita tendiendo su mano.

De inmediato cuatro pajarillos volaron posándose sobre aquella mano y picotearon el pan.

—¡Qué listos son! —exclamé—. Los pajarillos no se han confundido.

—Saben distinguir el verdadero pan de aquel que es falso —concluyó mi abuelo—. Espero que cuando crezcas recuerdes este ejemplo. En el camino encontrarás muchas imitaciones y falsificaciones de la verdadera fe; muchos que te invitarán a depositar tu confianza en ellos, que predicarán un evangelio parecido al verdadero, pero que no será el verdadero —el abuelito me miró largamente y con mucha intensidad mientras añadía—: ¡No aceptes imitaciones ni te conformes con sucedáneos! Sólo Dios es, sólo Dios puede, sólo Dios sabe... no te conformes con menos. Deposita tu confianza en Dios. Esa es la verdadera fe.

Aunque en aquel momento no comprendí en toda su dimensión lo que me decía, sin embargo, las sentencias quedaron registradas en mi mente y en los momentos precisos salieron a la superficie. ¡Han sido tantas las veces en que he recordado el consejo de mi abuelo! Sólo Dios es digno depositario de mi fe. Sólo Él puede, sólo Él sabe.

Sólo Él... siempre Él...

16

CUANDO SE TAPONAN LOS OÍDOS DEL ALMA

En mitad del invierno, finalmente aprendí
que había en mí un verano invencible.

Albert Camus[12]

Días después, me sorprendió ver a la abuela sola cuando salí al porche en la mañana.

—¿No sale Abu a desayunar? —inquirí.

Cuando observé que me servía el desayuno, mi extrañeza subió de grado ante la ausencia del abuelo, por eso insistí:

—¿Ya desayunó Abu?

—Está guardando cama —me dijo la abuelita—. No se encuentra bien y debe descansar.

—¿Puedo ir a verle?

—¡Claro! —sonrió—. Seguro que se alegrará; pero termínate primero la leche.

La mesa del porche, de por sí grande, se me antojó inmensa con la ausencia del abuelo. Me había acostumbrado a desayunar con su voz desvelando qué aves cantaban o interrogándome sobre los nombres de las diferentes formaciones nubosas. Así que me bebí el vaso de leche a toda prisa y corrí a su habitación.

—¡Hola hijo!, pasa —me instó, al verme asomado a la puerta y sin atreverme a entrar.

No me gustó verlo tan pálido, aunque se esforzó en sonreír cuando acerqué una silla a la cabecera y me senté.

—¿Qué te pasa, Abu?

—No es nada —me tranquilizó—. Pequeños achaques; cosas de la edad, pero sin importancia.

Apenas llevaba diez minutos a su lado cuando me preguntó:

—¿Conoces está canción? —y comenzó a entonarla—. ¡Qué bueno es el Señor! —exclamó, y volvió a cantar.

—Abu, haces cosas un poco raras —le dije—. Estás enfermo pero cantas y ríes.

—¿Por qué no habría de cantar? —sonrió—. Aunque yo esté enfermo, Dios sigue mereciendo que lo alabe.

—Pues a mí me parece un poco raro —confesé.

—Lo que dices me hace recordar a un buen amigo con el que, en cierta ocasión, aprendí una gran lección. ¿Te gustaría escuchar lo que mi amigo me enseñó?

—¡Sí! —exclamé. Me gustaba cuando el abuelo contaba historias. Lo hacía con tanta pasión que daba vida a los relatos.

—Mi amigo estuvo sordo —se tocó el oído derecho—, pero completamente sordo, durante una buena parte de su vida.

—¿De verdad?

—Como lo oyes —afirmó—, y en cierta ocasión me contó lo raro que le resultaba cuando veía a personas que, de pie, hacían movimientos extraños con el cuerpo y daban toda clase de vueltas. Lo llamaban baile, pero a mi amigo le parecía totalmente absurdo.

—¿Le parecía raro que bailasen? ¿Por qué? Mucha gente baila.

—Recuerda que él era sordo, por lo que no podía escuchar la música —aclaró—, y faltándole el sonido todos los movimientos que observaba le parecían ridículos y extravagantes. Sin música en sus oídos no comprendía que otros se movieran de aquella manera. Pero, atento, que ahora viene la lección.

—¡Estoy preparado! —le dije.

—Te lo contaré con las mismas palabras que usó mi amigo: "Un día me operaron; la operación resultó todo un éxito y comencé a oír. Entonces escuché la música y de inmediato comprendí lo hermosa que era la danza".

—Es muy bonito, Abu, pero ¿qué lección aprendiste de esa historia?

—Me dijiste hace un momento que no entiendes por qué canto y río estando enfermo —posó su mano sobre la mía y me miró a los ojos para decir—: Tal vez hay "música" que yo puedo oír y tú no escuchas todavía, por eso te parece raro que cante estando enfermo. Hijo — la ternura que aplicaba a ese título lograba conmoverme—, la verdadera fe se demuestra en los tiempos de dificultad. ¿Sabes?, cuando la actitud de la gente feliz me parece extraña, indago en mi espíritu por si se hubiera quedado sordo. Dios nos susurra cosas tan hermosas en los tiempos de dificultad —lo repitió—: Tan bellas son las cosas que nos dice, que no puedo por menos que cantar y reír aunque esté lleno de achaques.

Aquella sabia lección me ha acompañado toda la vida, y ahora, cuando veo a alguien que ama y su forma de amar me parece extravagante, o si observo a personas que desbordan alegría en forma de carcajadas, y esto se me antoja ridículo, examino mi depósito de amor y mis reservas de felicidad. O si veo disparatada la fe de los que creen, indago entonces en mi espíritu, por si comenzase a padecer sordera; examino y hurgo con esmero en los oídos de mi propia fe, por si estuvieran algo taponados. Varias veces he descubierto que el problema no estaba en el que ama, ni en el que ríe, ni tampoco en el que cree... la dificultad estaba en mí.

Pasaron varios días y, una mañana en que mi abuelo seguía convaleciente, entré a la cocina donde mi abuela pelaba unas patatas que utilizaría para la comida.

—Aba —le dije—, ¿cuándo se pondrá bueno Abu?

—Ya está un poquito mejor, hijo, debemos tener paciencia.

—Pero no me gusta que Abu esté enfermo.

—A mí tampoco me gusta —repuso—, pero aún las cosas que no nos gustan pueden ayudarnos para bien.

—Aba, ¿estás diciendo que nos ayuda la enfermedad? —interrumpí.

—Incluso la enfermedad puede ayudarnos.

—No, Aba, la enfermedad no nos ayuda.

—Siéntate, hijo —me señaló a un taburete que había en la cocina—. ¿Quieres que te cuente una historia?

—¡Sí!

Se secó las manos en su delantal y tomó asiento en otro taburete. Inmediatamente comenzó su relato.

—Una noche, un grupo de nómadas se disponían a retirarse a sus tiendas para pasar la noche cuando de pronto se vieron rodeados por una intensa luz. Quedaron sobrecogidos, pues supieron que estaban en presencia de un ser celestial.

—¡Qué miedo, Aba! —exclamé—. Debieron darse un susto muy grande.

—No tuvieron miedo, porque supieron que no se trataba de algo amenazante, sino de algo muy bueno. Con gran impaciencia, aguardaron un mensaje del cielo. Todos estaban convencidos de que recibirían alguna revelación de suma importancia.

—¿Qué les dijo la voz, Aba? —estaba tan impaciente como los nómadas del relato—. Dime, Aba, ¿qué les dijo?

—Sí, la voz habló, y fue esto lo que les dijo: "Recoged todas las piedras que podáis. Metedlas en vuestras alforjas. Viajad durante todo el día y, mañana por la noche, estaréis alegres y estaréis tristes".

—¿Qué recogieran piedras? —exclamé—, pues vaya mensaje más raro.

—Eso mismo pensaron ellos —explicó—. Una vez en camino, los nómadas compartieron su decepción y frustración unos con otros. Esperaban oír la revelación de una gran verdad universal que les permitiría obtener riqueza, salud y utilidad para el mundo. Sin embargo, se les había encomendado una tarea humilde que no tenía ningún sentido para ellos. Con todo, el recuerdo del resplandor de su visitante incitó a cada uno a recoger algunas piedras y meterlas en sus alforjas mientras manifestaban su disgusto.

«Viajaron durante todo el día y esa noche, cuando acamparon, hurgaron en sus alforjas y descubrieron que cada piedra que recogieron se había convertido en un diamante —y me interrogó—: ¿Recuerdas que la voz les dijo que estarían contentos y estarían tristes?»

—Sí, pero no sé por qué.

—Estaban contentos de tener diamantes, pero estaban tristes por no haber recogido más piedras.

—Es muy bonita la historia —aplaudí.

—Hijo, esas piedras representan las cargas que tenemos que llevar a lo largo de la vida —y especificó—: Para algunos, como el abuelito, es un problema de salud y para otros un problema de otro tipo, pero si somos capaces de aguardar con paciencia, cuando menos te lo esperas descubres que lo que durante mucho tiempo te hizo sufrir, en realidad te estaba haciendo crecer, madurar y ser más fuerte. Las cargas que arrastramos se convierten en bendiciones. En definitiva, hijo, a veces la gracia viene envuelta en desgracia, o como diría Albert Einstein: *En medio de la dificultad reside la oportunidad.*

17

ALCANZAR LA PROMESA

Nadie puede llegar a la cima armado solo de talento. Dios da el talento; el esfuerzo transforma al talento en genio.

Anna Paulova[13]

Con el paso de los días mi abuelo mejoró y pudimos retomar nuestros paseos por el campo. Una mañana, en cuanto terminé de desayunar, corrí al columpio y mientras me balanceaba admiré de nuevo el inmenso monte.

—¿Quieres que alcancemos la promesa?

—¿Qué?—la voz de mi abuelo, a mis espaldas, me sobresaltó—. ¡Abu, qué susto me has dado!

—La promesa—señaló al monte—¿Quieres que la alcancemos? ¿Qué te parece si escalamos ese monte mañana?

—Pero, Abu, ¿ya te encuentras bien del todo? —todavía lo notaba algo pálido.

—¿Quieres que subamos al monte o no?—la ternura en su mirada desmentía al reproche de su voz.

—¡Sí!—repliqué—, ¿podemos subir ahora mismo?

—Hoy sería demasiado precipitado—me dijo—, conviene salir temprano pues escalar ese gigante nos tomará todo el día.

A lo largo de la tarde mi abuelo estuvo preparando todo lo que nos haría falta. Comenzaba a caer la luz cuando me pidió que lo acompañara al bosque para buscar una rama de árbol que pudiera usar como bastón. Entre ambos recogimos varias y él seleccionó la que le pareció más adecuada. Se sentó en el escalón del porche y con la ayuda de una navaja limpió y afiló la rama hasta que la convirtió en un perfecto apoyo para la escalada.

Esa noche cenamos un poco antes de lo acostumbrado.

—Conviene que hoy te acuestes pronto —me dijo la abuela.

—Sí —asintió él—. Mañana nos tocará madrugar. Será bueno que cuando el sol comience a apretar ya hayamos avanzado.

Me fui enseguida a la cama, y me dio la impresión de que acababa de cerrar los ojos cuando escuché la voz del abuelo.

—Despierta, hijo, el monte nos espera.

Me costó un trabajo inmenso abrir los ojos, como si mis párpados estuvieran unidos con pegamento, ¡tenía muchísimo sueño!

El abuelo me sacudió levemente mientras decía.

—Ánimo, la brisa de la mañana te despejará, ya verás.

El horizonte comenzaba a dibujarse cuando juntos nos encaminamos hacia la montaña.

—¡No volváis tarde! —pidió la abuela—. Arriba refresca mucho en cuanto se pone el sol.

Caminamos a buen ritmo y pronto estuvimos al pie del inmenso monte.

—¡Qué grande es! —resoplé agitando mi mano ante la gigantesca mole de tierra y roca. Al pie de la ladera me parecía mucho más grande—. Abu, creo que no voy a ser capaz de subir —al ver la imponente montaña que se alzaba ante mí, se me quitaron las ganas de aventura.

—Es cierto que la montaña es grande —reconoció mi abuelo, y enseguida añadió—: Sin embargo, nuestra determinación por escalarla es más grande todavía.

Observando que el temor seguía pintado en mi rostro, se agachó de tal modo que sus ojos quedaron frente a los míos y entonces sentenció con autoridad impregnada en cariño:

—La fe es la capacidad de contemplar la ladera escarpada, reconocer que el ascenso será difícil, pero declarar que nuestras alas lograrán posarnos sobre la cima.

No lo entendí completamente, pero la seguridad que chorreaba en la sentencia fue una inyección de ánimo para mí.

Iniciamos la escalada y a los quince minutos me sentí incapaz de continuar.

—No puedo más Abu —me dejé caer en el suelo.

—No digas eso —me reconvino—. No digas "no puedo". Descansaremos un rato y verás que enseguida recuperas fuerzas para volver a caminar. Ven —me tendió la mano—. Sentémonos a la sombra de ese árbol.

—Pero es que no tengo fuerzas —me quejé.

—Descansaremos un poco y después reanudaremos la escalada —me explicó—. A medida que vayamos ascendiendo comprobarás que la vista es cada vez más hermosa y eso te animará.

—¿De verdad?

—Te lo aseguro —había determinación en su voz—. Los paisajes más hermosos son para quienes aceptan el sacrificio. El aire más puro, la proximidad del cielo, las grandes promesas de Dios son alcanzadas por quienes están dispuestos a pagar el precio.

—¿Y estamos pagando el precio al escalar? —quise saber.

—Así es, hijo. Por eso alcanzaremos la promesa. El precio es el sacrificio, el cansancio, los pies heridos... pero vale la pena y muy pronto comprobarás que luchar por pisar la cima tiene una alta recompensa.

Le sonreí y él me devolvió la sonrisa.

—Bebe un poco de agua —me dijo tendiéndome una cantimplora—, te hará bien.

Me senté a la sombra del árbol y reposé mi espalda sobre el rugoso tronco. Al mirar al cielo, vi un ave de gran tamaño volando no muy lejos.

—¡Mira, Abu! —grité—. ¡Qué pájaro más grande!

—Es un águila —me dijo—. Una de las aves más imponentes que existen.

Justo en ese instante corrigió su rumbo y se deslizó delante de nosotros. Mantuve mi mirada fija en la majestuosa ave y ésta evolucionó en el aire desplegando un elegante vuelo. Se aproximó lo suficiente como para que pudiera apreciar el plumaje castaño oscuro, que se tornaba dorado en la cabeza y en el cuello. Distinguí también las plumas blancas que lucía en las alas y en el extremo de la cola. Destellaban al toque del sol.

—Se trata de un águila real —dijo el abuelo y enseguida precisó—: Es un ejemplar joven. ¿Ves que en la cola el color blanco abunda más que el pardo? Eso indica su juventud; cuando crezca, el plumaje pardo irá sustituyendo al blanco.

—¡Qué bonita es! —exclamé.

—Y qué poderío tiene, ¿no te parece? —añadió—. De la familia de las águilas, la real es la especie más grande.

Puede llegar a medir más de un metro de longitud y la envergadura de sus alas llega hasta los dos metros y medio. Esta zona es una reserva de este ejemplar; seguro que veremos más.

Continuamos ascendiendo y la belleza del paisaje era cada vez mayor. Hoy, al recordarlo, no puedo evitar que las palabras de Shakespeare acudan a mi mente: *Y así, la vida, para general sorpresa, descubre que los árboles tienen lengua, que los raudos arroyos escriben en prosa, que las piedras hablan a voces y que hay algo bueno en todas las cosas.*

Se detuvo el anciano, recreó la mirada en el paradisíaco entorno y como si volviese a recordar de pronto la afirmación que le hice días atrás, casi rió.

—¿Casualidad? No, hijo mío, es *causalidad*. Y lo mismo ocurre en tu vida: no estás sometido a casualidades; ningún renglón de tu historia se redacta arbitrariamente —me miró con mucha intensidad al decirme—: Recuerda esto que te digo, no siempre encontrarás el "porqué" a las cosas que te ocurran, pero todo tiene un "para qué" y culmina en el cumplimiento de un propósito.

El águila, que no había dejado de coquetear desde la altura, se aproximó unos metros y me enfocó con sus ojos de tonalidad amarilla, en cuyo centro refulgía la pupila de negro brillante, liberó un graznido que se me antojó una rotunda afirmación a la sentencia de mi abuelo, y enseguida remontó su vuelo.

—Alcanza alturas extraordinarias —apuntó mi abuelo siguiendo al ave con la mirada.

—¡Qué suerte tiene! —repliqué—. No le cuesta nada escalar el monte.

—¿Sabes? —mi abuelo me miró de la forma en que solía hacerlo siempre que iba a decirme algo importante—. El águila es un ave que ama la altura. Establece su nido en la cima de las montañas y sólo desciende al valle para buscar alimento.

Impresionado por los detalles que estaba escuchando, seguí mirando al águila que escalaba posiciones hasta parecer una diminuta mancha negra sobre un cielo tan claro que parecía casi blanco. Mi abuelo siguió desgranando detalles asombrosos:

—Hay quien dice, aunque probablemente no pase de ser un mito, que es la única ave capaz de mirar directamente al sol sin deslumbrarse. Sus poderosas alas le permiten alcanzar una velocidad en vuelo de hasta setenta kilómetros por hora y posee una vista agudísima con la que localiza su presa desde enormes distancias.

—¡Es impresionante! —exclamé.

—Para nosotros supone mucho esfuerzo alcanzar la cumbre de montes como este, pero el águila corona la cima con extraordinaria facilidad. ¿Sabes por qué?

—¡Por sus alas!

—¡Exacto! —aplaudió mi abuelo—. ¿Sabes que la Biblia nos compara con las águilas?

—¿A nosotros?

—Sí, a nosotros —afirmó—. Escucha —extrajo una Biblia de la mochila, pasó las páginas con mucha agilidad y localizado el texto, comenzó a leer: *"Pero los que esperan en el Señor renovarán sus fuerzas; levantarán las alas como águilas. Correrán y no se cansarán; caminarán y no se fatigarán"*, Isaías 40:31 (RVA).

—Pero Abu, ahí dice que tenemos alas como las águilas. ¿Por qué dice la Biblia que tenemos alas? —interrogué—. ¿Dónde tenemos esas alas?

Mantuvo unos instantes de silencio reflexivo, al cabo de los cuales repuso:

—En un sentido sí tenemos alas. La fe —y concretó—, la confianza plena en Dios, nos eleva a cimas que de otro modo jamás alcanzaríamos.

—No lo entiendo, Abu —repliqué—. Si tuviéramos alas, ¿por qué no las usamos para subir esta montaña? —e insistí—: Con lo difícil que está siendo escalar ese monte y ahora me entero de que tengo alas...No lo entiendo.

—Ja, ja, ja —rió con ganas—. Las alas que nos proporciona la fe no pueden ser vistas con nuestros ojos, y las montañas que nos ayuda a escalar no son de tierra y piedra, sino otras mucho más importantes; con la fe coronamos el monte de las promesas de Dios. Nos alzamos sobre cimas de dificultad...cumbres mucho más duras que la que hoy queremos coronar.

18

LOS QUE ESPERAN EN DIOS, LEVANTARÁN ALAS COMO LAS ÁGUILAS

Fe no es esperar a que pase la tormenta;
fe es aprender a bailar bajo la lluvia.

Adaptación de una frase
de un autor desconocido

Seguía sin entenderlo completamente, pero me gustaba mucho lo que oía. Reanudamos la marcha y él, a cada rato, se detenía para esperarme. En los tramos que presentaban alguna dificultad me invitaba a ir a su lado o caminaba detrás de mí.

—Bebe agua —insistía con frecuencia, y otras veces me instaba—: Ven, descansemos un poco a la sombra de este árbol.

Una menuda nube, que por momentos velaba misericordiosamente el sol, se hinchó de repente, se ennegreció, y, sin darnos tiempo a considerar qué sucedía, el aire se convirtió en agua. De pronto, una lluvia espesa, clamorosa, sombría y despiadada se desplomó sobre nosotros. Tras el desconcierto inicial corrimos entre risas a guarecernos en un entrante de la montaña; una especie de nicho formado por rocas.

—¡Me encanta el olor que se levanta del suelo! —exclamó el abuelo mientras me secaba el pelo y la cara.

Inspiré profundamente y el aroma a tierra mojada inundó mis sentidos.

—¡Es verdad! —dije volviendo a llenar mis pulmones—. Es un olor que relaja.

—Es una bendición esta lluvia —agradeció el anciano—. Refrescará el ambiente y luego disfrutaremos aún más del paseo.

—¡Mira, Abu! —señalé al cielo donde cuatro ejemplares de águila ascendían en un vuelo casi picado, desafiando a la tormenta.

—Ahí lo tienes —replicó—. También en esto son únicas las águilas: aprovechan la tormenta para alcanzar mayor altura.

—¿Usan la tormenta para elevarse? —inquirí.

—Es el único ave que vuela directamente hacia la tempestad —continuó—. La mayoría de los pájaros se alejan de las perturbaciones, pero el águila las utiliza. Las turbulencias proporcionan corrientes de aire sobre las que el ave se sitúa, como si las cabalgara, y sobre ellas asciende sin apenas esfuerzo. Sin batir sus alas gana altura y velocidad. Apoyada en esas corrientes no es raro que alcance los ciento ochenta kilómetros por hora.

—¡Qué lista es el águila! —exclamé, admirado.

—¿Oíste la frase de Henry Ford? —no esperó mi respuesta—: Él dijo lo siguiente: *Cuando todo parezca ir contra ti, recuerda que el avión despega contra el viento, no a favor de él.* Ya lo ves, hijo, la aeronáutica aprendió de las águilas.

Aunque para mi mente infantil resultaba difícil procesar determinados datos que el abuelo me daba, sí alcancé a entender que la tormenta, que a otras aves les abruma, a las águilas les ayuda.

—Recuérdalo, hijo —insistió—, la Biblia te compara con las águilas, y eso significa que también a ti llegarán algunas tormentas que te ayudarán a crecer.

—Abu, creo que es muy importante lo que me estás diciendo.

—Lo es —admitió—. Las tormentas que aplastan a unos se convierten en plataformas para otros —y luego volvió a recitar—: *Levantarán alas como las águilas*... La tormenta puede matarnos o hacernos más fuertes, y nunca dependerá de la intensidad de la tempestad, sino de nuestra actitud frente a ella.

Nos mantuvimos guarecidos bajo las rocas y disfrutando del impresionante paisaje. El agua caía como una cortina que apenas permitía ver y el sonido de los truenos reverberaba en los valles, pero se veían más águilas que antes.

—Pinos laricios —dijo de pronto.

—¿Cómo dices, Abu?

—Esos árboles de ahí —señaló a un pequeño bosque cercano, pero apenas visible tras la cortina de lluvia—. Son pinos laricios y la mayoría se acercan a los mil años de edad —dijo mientras fruncía los ojos esforzándose por ver a través del agua—. Debido a la climatología tan adversa que impera en este lugar, con nieve, vientos muy fuertes, sol justiciero en verano, han tenido que fortalecerse para resistir. La madera de estos árboles es de las más codiciadas.

—¿Por qué, Abu? —quise saber—. ¿Por qué la madera de esos árboles es mejor que la de otros?

—Hay faldas de las montañas que se conocen como "laderas críticas", son las más afectadas por los vientos fuertes y los climas más rigurosos. Los ejemplares que crecen allí adquieren gran fortaleza y una extraordinaria calidad en su madera —señaló a los pinos para concluir—: Las tormentas hicieron que el árbol madurara y creciera con una calidad suprema, por eso su madera es la más cotizada y apreciada. ¿Comprendes?

¡Claro que comprendía! Aún mi cerebro en desarrollo era capaz de entender que no debía rechazar la adversidad, porque ahora sabía que era el vehículo en el que viajaba la oportunidad de crecer, madurar y ser fortalecido.

—La clave está en no dejarnos cegar por la tormenta —añadió—. Cuando una puerta se cierra, siempre hay otra que se abre; pero a menudo miramos tanto tiempo la puerta cerrada que no vemos la que se ha abierto para nosotros. Así lo dijo Helen Keller, y creo que acertó de pleno.

19

MORIR PARA VIVIR...
PERDER PARA GANAR

Él [Señor] es [...] quien me satisface con todo
lo mejor y me rejuvenece como un águila.

Salmo 103:3, 5 (DHH)

Con la misma inmediatez con que se había cubierto, ahora el cielo se despejó y un sol caliente y metálico arrancaba brillos de los charcos de agua en el suelo.

Comenzamos a caminar aspirando el aire fresco y cargado de aromas. Enseguida un nuevo ejemplar de águila se exhibió ante nosotros. Mantuve mi mirada en la majestuosa ave y ésta evolucionó en el aire de una forma que me pareció muy elegante. Mi abuelo detectó el embeleso con el que observaba y me dijo:

—¿Sabes que el águila es una de las aves que mayor longevidad alcanza?

—Lon... ¿qué? —jamás había oído una palabra tan complicada.

—Quiero decir que es uno de los pájaros que más viejitos llegan a hacerse. Viven más años que la mayoría.

—¿Cuántos años vive el águila? —inquirí.

—Puede llegar a vivir treinta años. La mayoría de las aves viven menos.

—¡Qué suerte tienen las águilas! —repliqué—. Son preciosas, suben las montañas sin esfuerzo y además viven un montón de años.

—Hay una leyenda que contiene una muy buena enseñanza. ¿Quieres que te la cuente?

—¡Sí! —exclamé con entusiasmo-. ¡Cuéntame esa leyenda!

—Bien, pues ese mito sugiere que en realidad el águila puede vivir hasta setenta años —matizó mi abuelo—. Pero para lograrlo, hacia la mitad de la vida, debe tomar una decisión muy difícil...

—¿Una decisión muy difícil? —repetí—. ¿Qué decisión, Abu?

—Cuando el águila llega a los cuarenta años de edad ha de tomar una determinación crucial —me explicó—. Ella misma reconoce claramente sus signos de envejecimiento: las plumas de sus alas son demasiado gruesas y pesadas, por lo que no dejan pasar el aire y volar se hace difícil. Por otro lado, su pico ha crecido mucho y se curva peligrosamente apuntando hacia su pecho. Además, sus garras son excesivamente largas y flexibles, por lo que las presas que intenta agarrar se escapan con facilidad. Llega entonces el momento de la gran decisión.

—Pero, ¿qué decisión es esa? —volví a preguntar con infantil impaciencia, a la que mi abuelo respondió con una paciente sonrisa.

—Te lo explicaré —se recostó sobre una roca y me invitó a tomar asiento a su lado—. Lo primero que el águila debe hacer es buscar un refugio en la altura del monte, un lugar que le ofrezca cobijo y protección frente al viento y las inclemencias climatológicas. Ese lugar será su hogar durante los próximos ciento cincuenta días.

—¿Ciento cincuenta días?

—Así es —afirmó—, el proceso al que el águila se someterá tomará cinco meses.

—Cuéntame ese proceso, Abu.

—Lo haré, pero antes déjame que te muestre un texto —abrió la pequeña Biblia y dio lectura a una porción—: *"[El Señor es...] quien me satisface con todo lo mejor y me rejuvenece como el águila"* (Salmo 103:3, 5, DHH). ¿Ves? Aquí se cita el momento en que el águila rejuvenece. Bien —se aclaró la garganta y continuó—, nos habíamos quedado en el momento en que el águila está guarecida en un refugio de la altura, lo primero que hace es golpear su pico contra la roca hasta que este se desprende.

—¡Uy! —sentí un creciente malestar en el estómago y lo reflejé en un gesto elocuente, pero esto no desanimó a mi abuelo que continuó su relato.

—Ese pico excesivamente largo supone un peligro para ella, puesto que podría hincárselo con facilidad en su propio pecho, por eso se desprende de él. A continuación, el águila espera pacientemente hasta que salga uno nuevo.

—Pero Abu, ¡tardará mucho tiempo en salirle el nuevo pico! —exclamé.

—Desde luego que sí —reconoció mi abuelo—, esa es la parte más dura del proceso: la espera. El águila es un ave acostumbrada a la acción, a la caza y a altos vuelos, pero ahora no le queda otra opción que esperar. Hijo, no sé si puedes entender esto en toda su dimensión, pero este punto del proceso a mí me lleva a pensar en ese tierno texto de la Biblia en el que Dios dice: *"...la seduciré, la llevaré al desierto, y le hablaré al corazón"* (Oseas 2:14, LBLA). Él anhela ese tiempo aparte con nosotros, pero lo hace porque sabe que allí es donde nuestra vida se afina y volvemos a recuperar la capacidad de volar en cielos de libertad.

—¿Y qué hace el águila cuando le sale el nuevo pico? —interrogué.

—Con él se ayudará para desprender cada una de sus garras.

Mantuve mi gesto de pavor mientras notaba que la sensación de malestar en mi estómago crecía; me parecía un proceso terrible y doloroso. Pero el abuelo no se inmutó, sino que continuó con la gráfica descripción:

—Una vez que se desprende de sus garras, toca de nuevo esperar hasta que salgan unas nuevas. Cuando esto ocurra, utilizando sus flamantes uñas y ayudándose del nuevo pico se deshará de las viejas plumas que dan forma a sus alas y, a continuación, sólo quedará aguardar a que crezcan nuevas plumas. Logrado eso, el proceso de renovación estará completado: nuevo pico, nuevas garras, nuevas plumas... Y el águila, completamente rejuvenecida tras un proceso lento y doloroso que le habrá tomado ciento cincuenta días, remontará el vuelo con nuevas fuerzas, dispuesta a vivir otros treinta años.

El relato me conmovió. Oteé el cielo en busca del águila, pero no la vi por ningún lado. La voz de mi abuelo puso broche a su relato:

—Lo que te he contado no pasa de ser una leyenda, pero de ella se desprende una lección que puede ser muy útil para nosotros, hijo. La renovación y la energía para seguir coronando cimas, con frecuencia, nos llega en tiempos de retiro, a solas con Dios. La intimidad con Él nos rejuvenece —me enfocó entonces con fijeza para recordarme—: El nutriente fundamental de aquellos que provocan cambios en otros, es la comunión con Dios. No hay posibilidad de afectar con Dios sin haber sido afectados por Él. Las grandes cosas no ocurren sin visitar la cámara de la comunión con Dios, y nada es igual después de visitar ese lugar de sagrado aislamiento.

Observé que volvía a pasar páginas en su Biblia y aguardé, expectante, sabiendo que buscaba un nuevo tesoro en ese cofre de papel y tinta que tanto amaba el abuelo. Enseguida me pidió:

—Mira —con su dedo índice tocó varias veces sobre el papel—. Léelo, por favor.

—*Yo la voy a enamorar* —leí lentamente—: *la llevaré al desierto y le hablaré al corazón* (Oseas 2:14, DHH).

—Así es —había triunfo en su voz—. Nos cita en tiempos de retiro y convierte la soledad en sagrada. Allí nos enamoramos de Él.

Como dando la razón a mi abuelo, el águila apareció de pronto y evolucionó en el cielo pasando muy cerca de nosotros, tanto que alcancé a ver sus brillantes ojos mientras la ráfaga de viento que produjeron sus alas, agitó mi cabello.

20

CUANDO LAS ESPINAS SE CONVIERTEN EN ALAS

Le cortaron la rama en la que se apoyaba,
y descubrió que podía volar.

Autor desconocido

Reanudamos el camino y debimos haber escalado unos veinte metros cuando mi abuelo se detuvo, buscó la cara del sol y, ayudado por los prismáticos, oteó el horizonte. Algo llamó su atención, porque ajustó las lentes de los anteojos y siguió escudriñando las montañas. Entonces, señalando a un saliente que había en la ladera, me dijo:

—¡Mira, es un nido de águila!

Agachándose a mi altura orientó los gemelos de campo hacia el punto preciso y me invitó a mirar a través de ellos.

—¿Puedes verlo?

—¡Es muy grande! —exclamé al observar la gigantesca construcción.

—Esos nidos —explicó— son, probablemente, una de las obras más grandiosas de la arquitectura.

—¿Y lo hace el águila? —estaba admirado.

—Ella sola —ratificó. Y volvió a aseverar—: Es asombrosa la calidad de esos nidos.

—¿Cómo los hacen, Abu? —me senté sobre una piedra y señalé a mi lado para que el abuelo tomara asiento junto a mí.

Se secó el sudor con un pañuelo que luego dobló cuidadosamente y lo guardó en su bolsillo. Entonces se sentó y comenzó a explicar la leyenda:

—Cuando el águila anticipa la llegada de los polluelos comienza a preparar el nido. Lo primero que hace es crear la estructura y para ello utiliza tallos de rosal...

—¡Pero los rosales tienen espinas! —interrumpí—. El otro día ayudé a Aba a cortar las rosas del jardín y me pinché en este dedo —para confirmar mi desdicha le mostré la yema del dedo índice, donde aún se adivinaba un minúsculo picotazo.

—Es cierto —admitió—. En el tiempo de la construcción del nido es posible ver al águila aferrada con sus garras a un tallo de rosal, cortándolo con el pico. Con frecuencia se hiere con las espinas y uno puede verla sangrando por sus patas o por su cuello. Pero esas mismas espinas confieren robustez al tallo y proporcionan resistencia al nido; además, las púas se engarzan unas con otras y permiten a los tallos mantener la forma de anillo que caracteriza al hogar del águila. Tiene fe en que llega nueva vida y prepara a conciencia el refugio. Quiere solo aquellos materiales que por su calidad conferirán solidez y consistencia a la obra, aunque eso implique sufrir heridas.

—¡Pobrecita! —la explicación era tan gráfica que casi podía ver al águila herida.

—Hay multitud de ramas más fáciles de conseguir, pero el águila no busca facilidad, sino seguridad.

—Pero, Abu, cuando nazcan las crías se pincharán con las espinas...

—No —corrigió mi abuelo—. Eso no ocurrirá porque, una vez creada la estructura del nido, el águila captura conejos, los despoja de su piel y con esta cubre las espinas. A continuación caza pájaros y esparce sus plumas sobre las pieles de conejo. Sólo entonces deposita los huevos y cuando los polluelos nacen se encuentran con un confort equiparable al de un hotel de cinco estrellas.

—¡Qué buenas son las águilas!

—No sólo son buenas —advirtió—. Además son sabias y enfrentan el dolor con fe, sabiendo que la labor que realizan tendrá su fruto. La fe les permite ver el nido acabado mientras cortan los hirientes tallos...

—¡Mira Abu, está alimentando a sus crías! —interrumpí, porque la poderosa lente del prismático me permitió ver como el águila depositaba comida en el nido.

—Los aguiluchos...

—¿Aguiluchos? —interrumpí.

—Sí, así se llaman los polluelos del águila —repuso—. Esos pequeñuelos son muy exigentes. Desde que nacen reclaman su comida casi con tiranía, y los padres cumplen con responsabilidad, pero a menudo, después de alimentarles, miden las alas de sus crías.

—¿Miden sus alas? —pregunté—. ¿Para qué hacen eso?

—De ese modo calculan la capacidad del aguilucho para emprender el vuelo. Cuidan de la cría, pero vigilan el momento en que puede comenzar a ser independiente.

—¡Ah, claro! —asentí.

—Cuando estiman que la longitud de las alas es adecuada, les invitan a volar.

—¿Cómo les invitan a volar? —pregunté.

Como toda respuesta, el abuelo recitó:

—*"Como el águila que excita su nidada, revolotea sobre sus pollos, extiende sus alas, los toma, los lleva sobre sus plumas"* (RV60). ¿Leíste alguna vez ese texto?

—Nunca lo había oído —reconocí.

—Está en la Biblia —afirmó—, en el libro de Deuteronomio, capítulo treinta y dos y versículo once.

Con dedos ágiles pasó las páginas de su pequeña Biblia y me invitó a leerlo:

—*"Como águila que revolotea sobre el nido"* —siguiendo con el dedo el renglón escrito, leí con cierta dificultad—, *"y anima a sus polluelos a volar, así el Señor extendió sus alas y, tomándolos, los llevó a cuestas"* (DHH).

—La primera parte de ese texto refleja el momento en que el águila vuela sobre el nido, y con su chillido llama a las crías desde el aire, invitándoles a alzar el vuelo.

—¿Y obedecen?

—Por supuesto que no —rió—. ¿Quién quiere aventurarse afuera, cuando en el nido hay confort y comida abundante? Los aguiluchos no quieren ni oír hablar de volar.

—Ya —repuse.

—Pero es fuera del nido donde está la auténtica vida —recordó el abuelo—, por eso el águila adulta opta por medidas contundentes: lo primero que hace es dejar de llevar comida al nido. Las crías se quejan, indignadas, porque el alimento no llega.

—¡Pobrecitas! —lamenté

—Para el águila adulta es triste y muy difícil ver que sus polluelos pasan hambre —aceptó—, pero es totalmente necesario. Ella sigue reclamándoles desde la altura. Es tiempo de que las crías ejerciten su fe, creyendo que pueden volar.

—¿Y lo hacen por fin?

—No —negó con la cabeza, llevando su barbilla de hombro a hombro—. Prefieren morir de hambre antes que abandonar la seguridad del hogar, y por esa razón llega un momento en que el águila debe tomar una decisión difícil...

—¿Otra decisión? —pregunté—, ¿tan difícil como la de renovarse?

—Tal vez esta lo sea aún más... Se trata de obligarles a volar. Para ello, se lanza en vuelo picado hacia el nido y con sus garras aprisiona las pieles de animal sobre las que descansan las pequeñas avecillas, tira de ellas y se las lleva... La consecuencia es que los polluelos caen directamente sobre las ramas que forman la estructura del nido y sienten cómo las espinas del rosal perforan su piel.

—¡Aaaayy! —casi sentí los pinchazos.

—Sólo así, espoleados por el dolor, los aguiluchos saltan del nido y comienzan a aletear. ¡Y entonces descubren que son capaces de volar!

—¡Lo consiguió! —el relato había logrado emocionarme—. ¡El águila lo ha conseguido!

—Aquí es donde interviene la segunda parte del versículo —dijo, y abriendo de nuevo su Biblia me preguntó—: ¿Quieres volver a leerlo?

—"...*extendió sus alas, y tomándolos* —leí lentamente—, *los llevó a cuestas*".

—El águila adulta —explicó— vuela cerca de los polluelos y cuando percibe cansancio en ellos, se coloca debajo, extiende sus alas y toma a las avecillas a cuestas. De ese modo permite que descansen un poco.

—¡Como cuando las mamás toman a sus bebés en brazos! —exclamé, sorprendido del prodigioso instinto de esas aves.

—¡Exacto! —asintió—. Las toma en sus alas para que descansen, pero después vuelve a plegarlas y de nuevo las crías quedan en el aire. Así aprenden a volar.

—¡Qué inteligente es el águila! —estaba conmovido, y me sentí confortado al recordar que Dios nos compara con las águilas.

—De ese modo los polluelos comienzan una nueva vida en plena libertad —seguía explicando—, aprenden a volar, descubriendo un inmenso cielo de oportunidades… y todo comenzó con unas espinas que les hirieron —me miró con una radiante sonrisa en su rostro—. ¿Recuerdas lo que te dijo la abuelita? —no esperó mi respuesta—. A veces la gracia viene envuelta en desgracia. Hay adversidades que tienen como objetivo empujarnos a tomar decisiones difíciles, pero totalmente necesarias.

—¡Qué de cosas nos enseñan las águilas, Abu!

—Sí —asintió con la cabeza al añadir—: La naturaleza es como una galería repleta de trofeos que muestran la grandeza de Dios. Cada cosa que vemos desborda sabiduría. Esta lección del águila, por ejemplo, a mí me recuerda que a todos nos llega el tiempo de la prueba y lo mejor es afrontarla con fe. A veces nuestra zona de confort se convierte en un lugar espinoso. Percibimos que la adversidad perfora nuestra alma, como las espinas horadaban la piel de los aguiluchos. Con frecuencia, esas circunstancias son permitidas por Dios con el objetivo de llevarnos a una dimensión distinta. Lo más sabio es dejarse guiar por Él, abandonar la zona de seguridad y aventurarse a tiempos nuevos. Sólo así aprendemos a volar en alturas diferentes que nos proporcionarán un horizonte más amplio —reflexionó un instante antes de concluir—: En definitiva, cuando Dios vacía nuestras manos es para llenarlas de nueva riqueza, y cuando Él borra es porque va a escribir algo nuevo.

Reanudamos la escalada y la proximidad del águila me hizo meditar en lo que mi abuelo acababa de decirme, pero me embargaba una duda que quise clarificar:

—Abu, entonces, ¿la fe nos ayuda a volar más alto?, ¿es algo así como la capa de Supermán?

—¡Ja, ja, ja! —mi ocurrencia le hizo reír—. En un sentido tienes razón. La fe nos hace levantar el vuelo, pero no en la forma como lo hacen los pájaros; me refiero a que a lo largo de la vida uno debe enfrentar situaciones difíciles, algo así como un cielo encapotado, pero la fe nos permite ascender por encima de las nubes y de ese modo descubrimos que el sol sigue brillando al otro lado.

En ese preciso momento, como si hubiera escuchado nuestra conversación, una nube se interpuso entre el sol y nosotros haciendo que la temperatura descendiera varios grados y provocando un agradable frescor.

—Mira, Abu —señalé a la nube—. No siempre es malo que el sol se nuble, ahora mismo ayuda a que estemos más fresquitos para seguir escalando.

Me miró por largos segundos. Reflexionaba en lo que acababa de decirle.

—¡Qué gran verdad has pronunciado! Las nubes no siempre son malas y la fe nos ayuda a hacer de la aparente amenaza una gran oportunidad. Convierte el dolor en aliado y el sufrimiento en un extraordinario maestro. Con la fe, el dolor no nos destruye sino que nos construye.

Ahora fui yo quien miró al abuelo largamente y le confesé:

—Abu, no entiendo todo lo que me dices, pero estoy seguro de que es muy importante.

—Lo que intento decirte, hijo —explicó con mucha dulzura y una mirada que destilaba cariño en dosis gigantescas—, es que hay ocasiones en las que no tendremos fuerzas para alzar el vuelo y remontarnos por encima de las nubes —señaló a los blancos cúmulos que mantenían oculto al sol—. En ese momento la fe nos ayudará a convertir la amenazadora nube en delicada sombrilla. Sí —ratificó—, la fe convierte el peligro en oportunidad y la situación más adversa en productiva enseñanza.

Yo le observaba en silencio. Me dio la impresión de que aún tenía algo que añadir, y no me equivoqué, pues enseguida, con su mirada fija en el inmenso valle que ya iba quedando a nuestros pies, concluyó:

—Con la fe, las dos opciones que nos ofrece la vida no son *ganar o perder*, sino *ganar o aprender*...

21

LA CASA DE LOS MIL ESPEJOS

Lo que se siembra se cosecha.

Gálatas 6:7 (NTV)

Al evocar aquel momento, las palabras del escritor británico G. K. Chesterton hacen eco en mi memoria: *La mediocridad, posiblemente, consiste en estar delante de la grandeza y no darse cuenta*. Creo que yo sí fui consciente de estar ante la grandeza al encontrarme cerca de mi abuelo.

Poco a poco fuimos ascendiendo y cuando quise darme cuenta habíamos alcanzado una notable altura.

—¡Mira! —mi abuelo señaló hacia el valle—. ¿Qué te parece la vista que tenemos desde aquí?

—¡Qué bonito! —exclamé.

—¿Puedes ver nuestra casa? —señaló hacia el oeste—. ¿Ves? ¡Allí está!

—¡Sí, qué pequeñita se ve! —la casa parecía una diminuta mancha blanca en el suelo.

La ladera opuesta ofrecía una vista sobrecogedora. Varios montes de menor altura se alzaban y entre ellos se divisaban valles cubiertos de vegetación.

—¡Es precioso! —grité.

"¡Precioso!, ¡precioso!, ¡precioso!". Así, hasta tres veces, escuché repetida la exclamación.

—¿Abu, qué ha sido eso? —pregunté a voz en grito.

"¿Eso?, ¿eso?, ¿eso?". De nuevo mis palabras se reprodujeron en el aire.

—¡Dios es fiel! —clamó mi abuelo.

Varias veces resonó aquella hermosa declaración en todo el valle.

Ante mi gesto de perplejidad, mi abuelo decidió explicarme lo que estaba pasando:

—Se llama eco —me dijo—, y gracias a él puedes escuchar repetido aquello que pronuncias.

—¡Qué raro! —aquello era algo nuevo para mí—. ¿Justo lo que digo lo repiten las montañas?

—Así es —afirmó—. La razón es que las ondas sonoras que provoca tu voz, chocan contra las laderas de las montañas de enfrente y regresan a ti, repetidas varias veces. Escucha —me dijo, y enseguida gritó—:

—¡Necio!

"¡Necio! ¡Necio! ¡Necio!", repitieron las montañas.

—¿Ves? —explicó—. Yo he gritado un insulto y las montañas me devuelven un insulto —a continuación mi abuelo puso sus dos manos en torno a su boca, haciendo de amplificador y chilló—: ¡Te amo!

De inmediato, las montañas le devolvieron el cumplido. Yo asistía, atónito a aquel espectáculo sonoro. Mi abuelo me invitó a sentarme a la sombra de un árbol y allí me explicó:

—Escucha hijo, para que entiendas mejor lo que acaba de ocurrir quiero contarte una historia. «Había una vez, en un lejano pueblo, una casa abandonada. Cierto día, un perrito acalorado, buscando refugio, logró meterse por entre las maderas viejas de la puerta de esa casa. El animal subió las escaleras y entró en una habitación. Para su sorpresa, descubrió que había mil perros como

120

él... Los miró fijamente, comenzó a levantar sus orejitas, y los otros hicieron lo mismo. Luego comenzó a mover su cola y todos le imitaron. Les ladró como si les hablara, y todos le respondieron. Quedó muy gratamente sorprendido y salió del cuarto pensando: "Qué lugar maravilloso; vendré a visitarlos más a menudo".

»Tiempo después, otro perrito callejero logró entrar en la casa. Agitado y corriendo subió hasta aquel cuarto. Al observar a los mil perritos que lo miraban se sintió intimidado y comenzó a gruñir. Todos le respondieron de igual manera... Comenzó a ladrar muy fuertemente; muy enfurecidos le respondieron con ladridos. Lleno de miedo huyó de aquel lugar, pensando: "¡Qué lugar más horrible, jamás volveré!".

»Al frente de la casa, había un cartel que decía: "La casa de los 1000 espejos".»

—A estas alturas creo que has comprobado que la naturaleza es una extraordinaria maestra. Lo que acabamos de apreciar en estos montes es un reflejo de lo que ocurre en la vida misma. Los rostros de cuantos nos rodean son espejos. Recuerda siempre que no somos responsables de la cara que tenemos, pero sí somos responsables de la cara que ponemos... Los demás nos responderán de acuerdo a lo que proyectemos —e insistió—: La vida nos contesta de acuerdo a lo que sembramos. Si decidimos vivir declarando la fidelidad de Dios y nuestra confianza en Él, descubriremos que, aún soportando pruebas y adversidades, los resultados serán positivos. Pero si enfrentamos la vida con quejas y amargura, los resultados serán acordes con esa actitud. Decide vivir con fe... —lo repitió como si fuera eco—. Decide vivir con fe plena en Dios —volvió a enfocarme con su mirada en la que se conjugaban autoridad y cariño, y casi me rogó—: Elige vivir bajo la bandera de la victoria y la bendición... alza cada día ese estandarte y guarécete a su sombra.

22

CUANDO LA NOCHE ES
UNA INUNDACIÓN DE LUZ

En el corazón de todos los inviernos vive
una primavera palpitante, y detrás de cada
noche, viene una aurora sonriente.

Khalil Gibran[14]

—¡Por fin, hemos llegado! —salté de alegría cuando puse mis pies sobre la cima de la colosal montaña.

—¿Verdad que es impresionante? —mi abuelito contemplaba la inmensidad del valle.

La panorámica era aún más espectacular de lo que había imaginado.

—Tenías razón, Abu —le dije—. Vale la pena el esfuerzo. ¡Qué bonito se ve todo!

—¡Mira! —exclamó haciendo visera con su mano sobre los ojos—. ¿Verdad que las personas parecen hormiguitas?

Era cierto; calculé que las personas eran más pequeñas que la uña de mi dedo meñique.

—¡Se ve el mar! —grité mirando en dirección sur.

—No es el mar —mi abuelo no pudo reprimir la risa—. El mar queda muy lejos. Aquello que ves es un lago.

—¡Pues es precioso! —realmente estaba fascinado por la belleza que se apreciaba desde allí arriba.

—¿Verdad que todo parece distinto? —mi abuelo se había sentado sobre una piedra y con el codo apoyado en su rodilla derecha, dejó descansar el rostro en su mano y parecía reflexionar—. La altura nos ofrece una perspectiva de la vida totalmente distinta de la que se aprecia en el valle.

—¿Esto es lo que siempre ve el águila? —inquirí.

—Así es —dijo; y enseguida añadió—: "...*los que esperan a Jehová tendrán nuevas fuerzas; levantarán alas como las águilas...*" —mi abuelo recitaba de nuevo el texto bíblico de Isaías 40:31 (RV1960).

—"*Correrán, y no se cansarán; caminarán, y no se fatigarán*" —añadí.

—Es algo sensacional lo que la Biblia declara, los que esperan en Dios serán como las águilas en pleno vuelo —y concluyó—: creo que a esto es a lo que se refiere la Palabra de Dios. Ella nos invita a vivir cerca del cielo, porque desde aquí todo se aprecia de manera diferente... Sí —afirmó—, la Biblia nos invita a enfrentar la vida desde la altura que proporciona la proximidad con Dios. Así encontramos nuevas fuerzas para seguir resistiendo. Respirando junto al corazón de Dios es mucho más fácil creer.

Yo estaba reflexivo. Las enormes lecciones que el abuelito extraía de la naturaleza me dejaban pensativo. Y así estuve un rato hasta que su voz me hizo dar un respingo:

—¡Comamos algo! —sugirió sacando de su mochila unos pedazos de queso y pan—. Nos lo hemos ganado.

Aún la comida me supo diferente al degustarla en aquel maravilloso entorno. Comimos en silencio, disfrutando del inigualable paisaje. Luego mi abuelo se recostó sobre la hierba y se quedó dormido.

Luego de un rato, despertó sobresaltado:

—¡Qué tarde es! El sol comienza a descender y pronto hará frío aquí arriba.

Iniciamos el descenso y ocurrió lo inevitable: ¡Nos extraviamos! El sol iba cayendo y aún estábamos en la cima.

—Es importante bajar por el sitio adecuado —aunque intentaba aparentar tranquilidad, su nerviosismo era perceptible—. Si equivocamos la senda podemos ir a parar muy lejos de casa...

—Abu, creo que cuando subimos lo hicimos por este lado.

—No —me dijo—, esta no es la ladera por la que hemos ascendido.

Después de muchas vueltas, sacó dos gruesos jerséis de la mochila.

—Toma —dijo, tendiéndome uno—, abrígate, empieza a hacer frío.

La situación me resultaba familiar y recordé la manera en que el abuelito se había guiado en otras ocasiones, así que esta vez decidí tranquilizarme, y cuando tomó asiento sobre una piedra yo hice lo mismo junto a él.

—Esperas a que anochezca para que el cielo nos enseñe el camino, ¿verdad, Abu? —le dije.

—Así es, hijo, me alegra que ya conozcas la lección —dijo—. Hasta que anochezca no hay nada que hacer.

No hubo que esperar mucho tiempo; el sol se ocultó rápidamente y la oscuridad nos envolvió por completo.

—Mira, Abu —señalé hacia arriba, a la oscuridad del firmamento—, Dios ya ha comenzado a encender las luces...

—El cielo siempre nos guía —dijo, y repitió la valiosa lección—. Si miras a la oscuridad del camino sentirás temor, pero si fijas tu mirada en el cielo encontrarás la senda correcta.

Las palabras del abuelo eran realmente hermosas, aunque en aquellos momentos algunas de sus expresiones me parecieran algo extrañas. No entendía todo lo que me decía, pero iba captando que no era cuestión de entender, sino de creer, y yo creía totalmente en él.

Sacó de la mochila dos linternas y, ayudándonos con ellas y siguiendo las directrices que le marcaba el cielo, iniciamos el descenso. Él caminaba a mi lado, aferrando mi mano con fuerza.

—Los cielos más hermosos —recitaba mientras avanzábamos— siempre corresponden a los lugares más oscuros, porque cuando todas las luces se apagan a nuestro alrededor, Dios enciende un millón de lámparas en el cielo.

—Y eso era exactamente lo que había ocurrido: miríadas de estrellas decoraban el lienzo oscuro que se extendía sobre nuestras cabezas y desde allí parecían lanzarnos guiños junto a un mensaje de aliento: *No os preocupéis, el cielo os mostrará el camino.*

—¡Por aquí! —dijo mi abuelo sin soltar mi mano—. ¡De prisa, este es el camino!

Descendíamos a una velocidad prudente, dada la oscuridad, y le escuché decir mientras pisábamos sobre unas rocas que parecían colocadas a modo de escaleras:

—No hay nada como la oscuridad para comenzar a ver.

Al oírle no pude contenerme y le recriminé:

—Abu, a veces dices cosas un poco raras.

—No, hijo, es la absoluta verdad. El cielo siempre se ilumina en nuestras noches más oscuras. Solo es necesario dejar de mirar las sombras y alzar la vista.

Se detuvo un instante para recalcular el camino y aproveché para mirar hacia arriba, pude comprobar entonces que las afirmaciones de mi abuelo eran ciertas: el firmamento parecía una cúpula de luz. Millones de diminutos puntos parpadeaban en el lienzo oscuro de la noche.

—¡Mira! —el abuelo observó fascinado—. Resulta difícil ver un espacio negro.

Bajo aquel espectáculo estelar volví a afirmarme en que es mucho más fácil resistir cuando enfocas tu mirada al cielo... allí siempre hay luz.

23

NUNCA LOS MARES EN CALMA FORMARON MARINEROS HÁBILES

Fe es pisar el primer peldaño,
aunque no veas el resto de la escalera.
Atreverte a dar el primer paso,
aunque desconozcas el camino.

José Luis Navajo

—No nos falta mucho —me animaba el abuelo—. Agárrate fuerte a mi mano que aquí hay un desnivel muy pronunciado.

Lo siguiente lo recuerdo vagamente, como envuelto en neblina; algunas escenas las he olvidado por completo, seguramente porque me perturba mucho el recordarlas.

Iba aferrado a la mano de mi abuelo cuando, de pronto, le perdí. Su mano se escurrió y él desapareció de mi lado. Enseguida escuché golpes, como de un pesado bulto que se precipitara pendiente abajo y que en su descenso chocara contra los salientes de la montaña.

Supe de inmediato que aquellos ruidos eran producidos por el cuerpo de mi abuelito.

Tuve miedo.

En el sobresalto, mi linterna también cayó y pude ver el reflejo de la luz alejándose en el precipicio hasta desaparecer. Una mezcla de sensaciones entre las que prevalecían tristeza, miedo y desesperanza, me embargó, provocándome un pánico creciente.

—¡Abuelo! —grité con todas mis fuerzas—. ¿Dónde estás, abuelito?

Esperé unos segundos y no obtuve respuesta. Repetí una y otra vez la pregunta. Grité y grité, hasta quedarme sin voz. Luego callé y permanecí rígido como una estatua. El miedo me paralizó. No me atrevía a moverme ni un milímetro por temor a pisar en el vacío y despeñarme por la ladera. Apenas respiraba.

A pesar del grueso jersey comencé a sentir mucho frío. La abuelita tenía razón cuando dijo que arriba refrescaba al ponerse el sol. Hasta ese momento no lo había notado, pero ahora tiritaba; sin embargo, la sensación heladora que me atenazaba era más por dentro que por fuera.

¿Qué le había ocurrido a mi abuelo?

¿Dónde estaba?

Lloré.

Lo hice con todas mis fuerzas hasta que éstas me abandonaron.

Fue justo al percibir que me había debilitado totalmente, cuando las palabras que mi abuela me dijo el día en que la vi dando de comer a los pajarillos vinieron a mi mente: *Dios cuida de nosotros; Él es un padre amoroso y cuidadoso.* Y allí, en la aterradora oscuridad, esas palabras resplandecieron como una antorcha.

—¡Dios cuida de nosotros! —grité—. ¡Dios cuida de nosotros!

Seguí repitiéndolo cada vez más alto, y a medida que pronunciaba esa verdad, el miedo se desvanecía y en su lugar iba asentándose una cálida sensación de paz.

—¡Dios cuida de nosotros! —clamé tanto que la garganta me ardía.

Una voz llegó hasta mí con la fuerza de un trueno:

—¡Hijo!

El sonido me produjo un sobresalto.

—¡Hijo!

El grito llegó con claridad, aunque parecía provenir de un lugar lejano. Pero... ¡esa era la manera como me llamaba el abuelo!

—¿Abu? —interrogué, y aguardé unos segundos—. ¡¡Abu!! —fue casi un aullido, y luego dejé de respirar para escuchar la respuesta.

—Sí, soy yo —la voz se escuchó firme, aunque amortiguada por el cansancio—. No dejes de hablar, el sonido me guiará hasta el lugar donde estás.

—¡Dios cuida de nosotros! —volví a repetirlo con todas las fuerzas de que era capaz—. ¡Dios cuida de nosotros!

—Ya te veo, hijo...

—Abu, ¿estás bien? —pregunté muy preocupado.

—Sí —se le escuchaba cada vez más cerca—. Me resbalé en un desnivel y caí. Estaba desorientado, pero tus palabras —y concretó—, tu "¡Dios cuida de nosotros!", me guió hasta ti.

—Abu —moví un poco el pie y noté que el suelo desaparecía, lo que indicaba que estaba al borde de la pendiente. Me aferré a una rama del árbol en el que estaba apoyado. La oscuridad me impedía ver la profundidad del declive que se abría a mis pies—. Abu, no te veo y tengo miedo.

—Tranquilo, yo sí te veo —me aseguró—. Veo tu figura recortada sobre el cielo. Estoy justo debajo de ti, pero no puedo subir porque es un desnivel muy pronunciado. Déjate caer y te sostendré.

—Pero no te veo —repetí, y apreté tanto mí mano en torno a la rama que sentí como se desgarraba la piel.

—Yo a ti sí —insistió—. Suéltate, déjate caer y te sujetaré.

—¡No! —grité y a la vez lloré—. ¡No me atrevo...!

—¿Confías en mí? —había decepción en su voz.

—¡Sí! —lo grité. No quería entristecer al abuelito.

—Entonces, déjate caer.

—¡No!

Quince minutos después, las fuerzas me abandonaron por completo. Cada músculo del cuerpo me ardía y sentí que los dedos con los que apretaba la rama del árbol estaban ensangrentados; no me solté, fue la suprema debilidad lo que hizo que mis dedos resbalaran por la rama, entonces caí al vacío...

Ni dos segundos permanecí en el aire, pues los fuertes brazos de mi abuelo me envolvieron. Ambos rodamos por el suelo, pero él me abrazó con fuerza y por más de un minuto me mantuvo así. Luego, con una voz en la que prevalecía el cariño, me recriminó:

—Hijo, has sufrido innecesariamente. Podrías haber evitado esas heridas en las manos y, si me hubieras creído y te hubieras soltado antes, te habrías ahorrado el tremendo dolor de músculos que ahora tendrás.

La lección me acompañará toda la vida. Varias veces, en el transcurrir de los años, me he sentido suspendido sobre un precipicio de temor, desesperanza o aflicción, y en cada una de esas ocasiones, el eco de la voz de mi abuelo invitándome a creer ha aproximado una brisa de serenidad. En aquel sombrío precipicio aprendí que, cuando la situación me supera y no encuentro salida, lo mejor que puedo hacer es abandonarme en los brazos de Dios. Estos son aún más fuertes que los de mi abuelo; la seguridad que Dios me infunde es superior a la de cualquier otro.

24

EL SANADOR HERIDO

La única medida del amor es amar sin medida.
Agustín de Hipona[15]

Llegamos a casa, exhaustos y doloridos.

Cuando nos aproximábamos a la granja, recortada en la oscuridad, vimos la silueta de la abuelita. Estaba junto a la pequeña puerta de madera, justo al lado del cartel que decía "Villa Fe". Oteaba el horizonte con ansiedad y, al vernos aún lejos, corrió a nuestro encuentro. El abuelo y ella se fundieron en un abrazo tan largo que pensé que ya siempre estarían así. Luego se agachó y, arrodillada en el suelo, me abrazó durante mucho rato.

—He pedido a Dios que os cuide…Tenía miedo de que os hubiera pasado algo —las frases salían por su boca a borbotones—. Oré mucho por vosotros…

Volvió a abrazar al abuelito y con la otra mano me acercó, estrechándome también.

Entonces sí, rompió a llorar.

Debimos permanecer así por espacio de varios minutos, y lo siguiente que recuerdo es ver al abuelo caminando delante de nosotros hacia la casa. Lo hacía con dificultad, arrastrando la pierna derecha.

—Es muy tarde —me dijo la abuela en cuanto entramos—. Date una ducha y acuéstate. Te llevaré a la cama un vaso de leche caliente con galletas.

Cuando me hube duchado fui a despedirme de los abuelos antes de ir a dormir:

—¿Dónde está Abu? —pregunté al no verlo.

—Acaba de acostarse, cariño —me dijo ella—. Estaba demasiado cansado.

Me resultó extraño que se fuera a dormir tan rápido, sin contarme la historia de cada noche y sin despedirse de mí, pero comprendí que debía estar agotado. Yo mismo notaba un dolor intenso en cada fibra de mi cuerpo.

Apenas hube reposado mi cabeza sobre la almohada, me quedé dormido. Pero a media noche, me desperté sobresaltado. El sonido de mucho movimiento en la casa me alarmó. Metí mis pies en las zapatillas acolchadas y me asomé al pasillo. Justo en ese momento pasaba por delante de mi puerta un hombre vestido con bata blanca que llevaba un maletín en la mano derecha. No me vio, o decidió ignorarme, pues entró con premura en el dormitorio de los abuelos.

La abuela iba tras él y al verme se detuvo.

—¿Qué pasa, Aba? —no me gustaba lo que veía. No era normal que hubiera visitas en la madrugada.

—Tranquilo, hijo —acarició mi cabello en un intento de transmitirme serenidad, pero la preocupación que ensombrecía su rostro me afirmaron en la idea de que algo ocurría.

A la mañana siguiente el abuelo no se levantó, y a partir de ese momento conocí una dimensión nueva de la fe de mis abuelos. Hasta ese momento les había escuchado a diario hablando de la fe; desde ese día pude verles viviendo en la fe.

"Deja que tu fe sea más grande que tus miedos", me habían dicho con frecuencia. "La fe ve lo invisible, cree lo increíble y se apropia de lo imposible", habían declarado también. "Debes saber", me dijo un día, "que cuando lo único que te queda es la esperanza y la fe, es mucho lo que tienes todavía".

Ahora llegó el momento de demostrar que de verdad creían aquello que decían, ¡y lo demostraron de forma maravillosa!

La caída que el abuelo sufrió en el monte afectó seriamente sus piernas, tanto que no pudo caminar. Los médicos indicaron que sería una limitación temporal, aunque advirtieron que, a su edad, el proceso de recuperación era imprevisible y no se aventuraron a predecir ningún resultado. Se vio privado de sus paseos por el bosque y de aquellas largas caminatas en las que estudiaba a las aves y acariciaba las plantas.

De golpe, todo su mundo se redujo al tamaño de un colchón.

Yo también dejé de desayunar en el porche para hacerlo junto a él. Me sentaba en una silla, al lado de su cama, y convertía otro pequeño taburete en la mesa donde depositar mi vaso de leche y el pan tostado.

—Abre las ventanas, por favor —solía pedirme el abuelo—, hace una mañana magnífica.

Cuando lo hacía una brisa fresca y cargada de aromas inundaba la habitación.

—Mmmmm —el abuelito inspiraba profundamente—. Qué preciosa mañana nos ha regalado Dios.

Yo no acababa de entender la alegría de mi abuelo. No podía caminar; a veces tenía terribles dolores en las piernas, y sin embargo sonreía y cantaba igual que cuando paseaba en la libertad de los campos.

—No lo entiendo, Abu —le dije—. ¿Por qué estás alegre si no puedes andar y te duelen mucho las piernas?

—Si mi gozo dependiese de mis piernas lo habría perdido —me aclaró—. Pero no depende de mis piernas, ni de mis brazos ni de mi cabeza. No está ahí —insistió—. Por eso, aunque todo esto falle, no afecta a mi alegría —se incorporó un poquito en la cama, de modo que mi rostro quedó más cerca del suyo y me dijo con una triunfante sonrisa—: Tengo un gozo inmenso porque tengo un inmenso Dios aquí adentro —se golpeó levemente a la altura del corazón—, y eso no cambia por el hecho de que mis piernas dejen de funcionar. Él me da una paz magnífica...

—Pero, Abu —yo seguía sin comprenderlo—. Vives en un colchón... No puedes ni siquiera ir al baño...

—Es cierto que por ahora he perdido varias cosas —admitió—, pero conservo la fe y la esperanza, y eso, sin más, ya es un tesoro grandioso. Tengo dos alternativas: hacer de este colchón —golpeó la cama con su mano— un potro de tortura, o convertirlo en un altar de adoración. Me he decidido por lo segundo. La enfermedad puede hacer de mí su blanco, pero no su presa. Sufro la enfermedad, es cierto, pero no seré cautivo de la enfermedad.

A la mañana siguiente entré a su dormitorio cuando él aún dormía y vi a la abuelita que estaba sentada junto a la ventana con su labor de ganchillo encima del regazo.

—¡Hola Aba! —me acerqué y le di un beso en la mejilla.

Ella me miró risueña, con el sol brillando a través de las hebras de su pelo, que parecía arder con blancas llamaradas.

—Hola, cielo. ¿Qué tal has descansado?

—Bien, Aba, ¿y él? —señalé a la cama—, ¿qué tal está?

—No pasó buena noche —dejó la labor sobre la silla, se aproximó y acarició con mucha ternura el rostro del abuelo—, por eso duerme ahora, pero está bastante mejor...

Observé largamente al abuelito. Estaba muy pálido, y no me gustaba verlo así.

—Aba, si el abuelo tenía las piernas tan heridas, ¿cómo pudo traerme aquella noche a casa sin quejarse ni un poquito?

Volvió a su silla y tomando asiento me dijo:

—En aquel momento la preocupación del abuelo eras tú y no él. Sólo cuando estuviste duchado y en tu camita, el abuelo reparó en que la pierna le dolía mucho.

—No lo entiendo muy bien, Aba.

Me atrajo hacia sí y tomó mi mano; entonces me explicó:

—Cuando amas mucho a alguien, lo que le pase a esa persona te preocupa más que lo que pueda pasarte a ti —y sonriendo de una manera muy dulce, concluyó—: Hay una frase muy hermosa de Leonard Cohen que dice: *El amor no tiene cura, pero es la única medicina para todos los males.* Eso le pasó al abuelo; te ama tanto que era tu bienestar lo que en realidad le preocupaba.

—Pero él se cayó desde muy alto. Tenía que dolerle mucho...

—¿Sabes? —la sonrisa era su gesto perenne; parecía cincelada en su rostro—. Alguien dijo que una maravillosa energía proviene de ayudar a otros. Cuando decides curar la herida de otro, la tuya deja de doler. Por eso no notó el mal que había en su pierna, porque estaba más interesado en ti que en él.

—O sea que cuando decides preocuparte por las heridas de otros, las tuyas dejan de doler, ¡parece magia! —exclamé.

—Sí —afirmó con una gran sonrisa—. Es la magia de la madurez. Albert Einstein lo afirmó de esta manera: *Comienza a manifestarse la madurez cuando sentimos que nuestra preocupación es mayor por los demás que por nosotros mismos.*

—Aba, ¡qué frases tan bonitas sabes!

—Es culpa de él —señaló al abuelo y rió—. Me contagió de su amor por la lectura. Pero sobre todo, me impregnó de la magia del amor al prójimo... un amor que nos dota de una fuerza sobrenatural para ayudar a otros.

—¡Qué bien! —casi lo grité—. ¡Yo quiero el amor que da fuerza sobrenatural!

—¿Sabes quién demostró ese amor mejor que nadie?

—¡Claro que sí! El abuelo.

—No —rió—. Fue Dios. La muerte en la cruz que Él sufrió aparejaba dolores extremos... —ahora su sonrisa competía en brillo con el radiante sol que se introducía por la ventana— pero los soportó sin quejas, porque lo que verdaderamente le preocupaba era aliviar nuestro dolor.

El rostro de la abuela adquirió un matiz de emoción, y me pareció que estaba a punto de llorar; sentí tranquilidad, no obstante, porque en ese momento recordé las palabras del abuelo: *No siempre lloramos por algo malo, ni siempre es malo llorar.*

En cuanto el abuelo abrió los ojos me abalancé sobre él:

—¡Gracias, Abu! —le dije.

—¿Eh?, ¿cómo? —el pobre, que aún estaba adormilado, se llevó un buen susto.

—¡Gracias, Abu! —volví a repetir abrazándolo de nuevo.

—¡Ah!, ¡hola, hijo! —sonrió una vez recuperado del sobresalto—. Pero, ¿por qué me das las gracias?

—Por quererme con el amor que da fuerza sobrenatural...

—¿Cómo? —repuso a la vez que interrogaba con la mirada a la abuelita—. Perdona hijo, pero no te entiendo.

Ella había retornado a su labor de ganchillo, pero detuvo los ágiles movimientos de la aguja para explicarle:

—Me preguntó por qué no te había dolido la pierna mientras le traías a casa, y le hablé del amor al prójimo que nos ayuda a olvidarnos de nuestros problemas para atender a los demás...

—¡Ah!, comprendo —se incorporó un poco y le ayudé a colocar la almohada detrás de su espalda—. ¿Sabes que eso me hace recordar una vieja historia?

—¡Cuéntamela, Abu! —acerqué la silla a su cabecera y me dispuse a escuchar.

—Es un breve relato que comienza así: «Había una vez un ciego que recorría las oscuras calles de un pueblo llevando una lámpara de aceite encendida.

»"¿Qué haces, tú, ciego, con una lámpara en la mano?", le preguntó alguien con quien se cruzó.

»"La ciudad es muy oscura en las noches sin luna como esta", respondió tranquilamente el invidente.

»"Pero, si tú no ves", replicó el que le interrogaba.

»Entonces, el ciego le respondió:

»"Yo no llevo la lámpara para ver mi camino. Conozco las calles de memoria. Llevo la luz para que otros encuentren su camino cuando me vean a mí..."».

—¡Qué historia más bonita! —repliqué.

—Más importante que la luz que me sirve a mí —concluyó el abuelo—, es la que puedo proyectar para que otros encuentren su senda. Alumbrar el camino de los demás no es tarea fácil... Pero tienes razón cuando dices que el amor te da fuerza sobrenatural... también la fe revitaliza la llama de tu lámpara y te provee de un estímulo sobrenatural.

Aquel fue otro día maravilloso; en la noche, sin embargo, volví a despertarme por el sonido de voces y pasos precipitados en la casa. Abrí la puerta de mi habitación apenas una rendija, justo en ese momento pasaba la misma persona que vestía bata blanca y portaba un maletín. La abuela le seguía; esta vez no me vio, pero yo sí pude ver su rostro, y me inquietó el gesto de preocupación que lo ensombrecía.

Durante dos días no pude entrar a la habitación del abuelo, porque el médico le había prescrito reposo intenso. Así que cuando pude pasar a verlo lo hice con enorme alegría:

—¡Buenos días abuelito!

—¡Hola, hijo! ¡Qué ganas tenía de verte! ¿Qué es eso que traes en la mano?

—Un ramo de flores. Las he recogido del campo para ti —expliqué—. Sé que te gustan mucho, y como ahora no puedes salir, pues yo te las traigo.

—Gracias, hijo, eres muy amable —tendió su mano invitándome a que me acercara—. Es el mejor regalo que podías hacerme.

—Traeré un jarrón con agua —dijo la abuela que había asistido a la escena desde la puerta del dormitorio.

142

—Además —le dije—, como siempre regabas tú las plantas y ahora no puedes hacerlo, esta mañana he regado las que tienes al sol. Esas que tienen hojas con muchas puntas... Las vi muy secas, así que llené de agua los tiestos.

—¡Mis palmeras! —el gesto de preocupación en el rostro del abuelo me confirmó que algo no iba bien.

La abuela, sin embargo, rió a carcajadas, y fue ella quien me explicó.

—Hijo, gracias por querer ayudarnos, pero las palmeras apenas necesitan agua. Al contrario, demasiada humedad puede echarlas a perder.

Cuando el abuelito se tranquilizó decidió aprovechar el percance para enseñarme una lección.

—¿Sabes?, la mayoría de las plantas necesitan su dosis de agua, pero un exceso de riego las echa a perder. Exactamente igual ocurre con nosotros; precisamos determinado grado de bienestar, pero Dios a veces permite que algunas circunstancias se tuerzan porque así aprendemos lecciones que de otro modo sería difícil asimilar. Como dice un proverbio árabe: *Sol constante, sin lluvia, crea un desierto.*

—Y ahí entran en juego las adversidades de la vida —añadió la abuela—. La palmera es un árbol que requiere de un clima riguroso, porque eso la fortalece. Dicen que es un árbol que "crece bajo presión". El rigor la hace más fuerte. También a nosotros, las situaciones extremas no nos destruyen, sino que nos construyen.

—Pero yo creía que teniendo fe todo se arreglaba rápidamente.

—La fe hace que las cosas sean posibles, pero no hace que las cosas sean fáciles —puntualizó él—. Dios sabe que necesitamos ejercitar nuestros músculos emocionales y espirituales, y eso ocurre a través de las pruebas.

—¿Músculos emocionales y espirituales?

—Sí —repuso el abuelo—; del mismo modo que nuestros brazos y piernas desarrollan musculatura mediante el ejercicio, también nuestra fe se robustece a través de las dificultades. Las tormentas de la vida son como el gimnasio del alma.

—¿Las dificultades también nos dan fuerza sobrenatural?

—También —aseguraron los dos al unísono.

25

DEL POTRO DE TORTURA
AL ALTAR DE ADORACIÓN

No hay silencio que Dios no entienda,
ni tristeza de la que Él no sepa.
No hay amor que Él ignore,
ni lágrimas que no valore…
Porque Él me ama.

Autor desconocido

Me levanté esperando ver al abuelo sentado en el porche, respirando el aire fresco de la mañana. Me habían dicho que pronto podría levantarse un ratito y cada mañana corría al porche con la esperanza de verlo. Pensé que esa sería la mañana de encontrarlo, pero no estaba allí. Decepcionado, fui a verle a su dormitorio.

—¡Buenos días, hijo! —me saludó alegre, levantando ambas manos—. Pasa, pasa, siéntate a mi lado.

—Abu —le pregunté en cuanto hube tomado asiento—, ¿Dios te dio siempre aquello que le pediste? —e insistí—: ¿Gracias a tu fe, Dios siempre responde tus oraciones?

—No sé bien qué decirte, hijo —percibió que mi pregunta no era casual, sino que respondía a una preocupación—. ¿Por qué quieres saber eso?

—Porque hace muchos días que me arrodillo antes de dormir y le pido a Dios que por la mañana pueda encontrarte caminando. En cuanto abro los ojos, corro a buscarte y veo que sigues sin poder caminar... Debe ser porque no tengo bastante fe, ¿verdad, Abu?

Noté que mis palabras le afectaron. Me miró con fijeza y varias veces pareció que iba a iniciar una frase, pero en todas se contuvo, como reconsiderando la respuesta más adecuada para mi inquietud. Después de un tiempo que se me antojó interminable, me dijo:

—Intentaré contestarte, hijo. En realidad me has preguntado dos cosas que...

—No, Abu, sólo te hice una pregunta —interrumpí.

—Hijo —reinició su discurso con infinita paciencia—. Me preguntaste, ¿te ha dado Dios todo lo que le has pedido? La respuesta es... no. Luego me preguntaste, ¿respondió Dios a todas tus oraciones? En este caso, la respuesta es ¡absolutamente sí! Dios respondió todas las peticiones que le hice...

—No lo entiendo, Abu. Si Dios ha contestado todas tus oraciones, ¿por qué dices que no te ha dado todo lo que has pedido? —e insistí en mi alegato—: Si Dios contestase tu oración, entonces te daría aquello que le pidas...

—Déjame que te lo explique, hijo —su paciencia era admirable. No perdía la sonrisa ni un instante—. Dios siempre contesta nuestras oraciones, pero no siempre lo hace concediendo lo que pedimos. Su respuesta a nuestro reclamo a veces es "sí", en ocasiones responde con un "espera", y otras veces con un "no" —mantuvo sus ojos en los míos intentando detectar si estaba comprendiéndole—. Ahora, cualquiera que sea la respuesta de Dios, puedes estar seguro de que siempre —y lo recalcó con un énfasis llamativo—, siempre esa respuesta será la perfecta para cada uno de nosotros. Te lo aseguro, hijo, Dios contesta, y lo hace en el tiempo exacto y de la manera correcta. Su "sí", su "espera" y su "no", nunca responden al capricho o a la arbitrariedad, sino que Él contesta fundamentando su respuesta en el inmenso amor que nos tiene —meditó un instante antes de concluir—: De hecho hay ocasiones en que la mayor bendición que nos puede ocurrir es no alcanzar lo que deseamos.

—Pero, Abu —me quejé—, ¿cómo va a ser bueno no alcanzar lo que queremos?

—Creo que Garth Brooks, el compositor estadounidense, dijo una verdad magnífica cuando afirmó que algunos de los mejores regalos de Dios son las plegarias sin respuesta. No es bueno que todos nuestros deseos se satisfagan.

—¿Por qué, Abu? —y lo repetí—: ¿Por qué no es bueno?

—Porque es a través de la enfermedad como conocemos el valor de la salud. A través del mal conocemos el valor del bien; a través del hambre, el valor del alimento; y a través del esfuerzo, el valor del descanso. Así dice un proverbio griego que considero acertado.

Guardó silencio, creo que por si yo tenía algo que decir, pero sólo le miré, meditando en lo que me había dicho. Aprovechó para seguir depositando frases en mi conciencia.

—A veces, Dios no cambia las circunstancias porque está usando esas circunstancias para cambiarnos a nosotros —me miró largamente e intensamente, para añadir—: No importa si alguna situación parece que no tiene salida, Dios hará algo para ayudarnos que tal vez nadie, ni siquiera nosotros, entenderemos. Él siempre tiene una jugada estratégica e inesperada para mostrarnos su gloria.

Miró alrededor, buscando algo.

—Acércame esa Biblia, por favor —señaló a la pequeña mesita que había a la derecha de la cama. Se la di
y pasó páginas con mucha agilidad—. Lee ese texto,
¿quieres?

Coloqué la Biblia sobre mis rodillas, y leí lentamente la porción que mi abuelo había señalado:

—*Porque así dice el Señor: «Hacia ella extenderé la paz
como un torrente, y la riqueza de las naciones como río
desbordado. Ustedes serán amamantados, llevados en sus
brazos, mecidos en sus rodillas»* (Isaías 66:12, NVI).

—¿Sabes, hijo? Mil veces había leído ese texto, pero en
una ocasión en que estaba pasando por una gran prueba, cuando me postré ante Dios llorando, las lágrimas
actuaron como un telescopio que aumentó mil veces
el brillo deslumbrante de esta estrella —tocó con su
dedo sobre el párrafo que acababa de leer—. Sí, a menudo las lágrimas aclaran la visión, enjuagan la mente y
lavan los ojos del alma.

—¿Una bendición no alcanzar lo que queremos? —
seguí manifestando mi disconformidad. No podía
entenderlo y mucho menos estar de acuerdo con ello—.
Abu, ¿qué tiene de bueno el que estés en la cama sin
poder caminar?

El abuelo orientó su mirada a la ventana, al campo
abierto y exuberante que saludaba a través de los cris-
tales, y respondió:

—¿Sabes que desde esta impuesta inmovilidad he
escalado hermosas cimas?

—¿Cómo dices, Abu? —le miré con gesto de perplejidad.

—No puedo caminar, es cierto, pero esta inactividad a
la que me obliga la enfermedad me está proporcionando

una comunión con Dios maravillosa. ¿Nunca oíste esa expresión que dice: "No hay vida más vacía que la que está llena de movimiento desde la mañana y hasta la noche"? Cuando te digo que he escalado altas cimas desde la inmovilidad, me refiero a esas cumbres que se coronan a través de la conversación reposada con el Señor. A veces es necesario dejar de correr para comenzar a ver y detener la veloz marcha para levantar la vista. Alguien me lo dijo de esta manera: *El secreto está en el secreto... en lo reservado de la intimidad con Dios.*

—Abu, la verdad es que algunas cosas que me dices no las entiendo del todo —confesé.

—No te preocupes, hijo, no siempre es necesario comprenderlo todo. A veces es bueno seguir adelante aún sin entender... —me miró con simpatía y, creo que para relajar el ambiente, me dijo—: Esto de que no siempre es necesario comprenderlo todo me hace recordar una historia.

—¡Qué bien! —aplaudí—. ¡Cuéntamela, Abu!

—Claro que sí —se rebulló en la cama y comenzó—: «En una ocasión estaban Don Mono y Doña Mona sentados en la rama de un árbol. Ambos contemplaban la puesta de sol.

»Entonces Doña Mona preguntó a su esposo:

»"¿Por qué el cielo cambia de color cuando el sol llega al horizonte?"

»"Si quisiéramos explicarlo todo dejaríamos de disfrutar de la vida —contestó Don Mono—. No intentes buscar la explicación al color del cielo, simplemente disfruta del atardecer".

»La respuesta no satisfizo en absoluto a Doña Mona, quien replicó:

»"¡Eres simple y primitivo! No le prestas atención a la lógica; sólo piensas en disfrutar de la vida".

»Justo en ese momento pasó un ciempiés por la rama del árbol.

»"Amigo ciempiés" —gritó Don Mono—, "¿cómo haces para mover tantas patas en perfecta armonía?"

»"¡Jamás lo pensé!" —replicó el ciempiés.

»"Pues piénsalo, por favor" —rogó el mono—. "A mi esposa le interesa mucho tener una explicación".

»El ciempiés miró sus patas y comenzó:

»"Bueno... yo creo que primero flexiono este músculo... ¡No, no es este el primero! Muevo primero mi cuerpo por aquí y... ¡no, tampoco es así!".

»Durante media hora trató de explicar la manera en que lograba mover sus patas con armonía, y a medida que lo intentaba se iba confundiendo más y más. Llegó un momento en que quiso continuar su camino, pero ya no pudo caminar.

»"¡¿Ves lo que has logrado?!" —gritó el ciempiés desesperado—. "Con el ansia de descubrir cómo camino, ahora ya no puedo caminar...".

»Entonces dijo Don Mono a Doña Mona:

»"¿Te das cuenta de lo que ocurre cuando uno intenta explicarlo todo?"

»Y girándose hacia el horizonte siguió disfrutando de la puesta de sol en silencio.»

26

LO IMPORTANTE...Y LO QUE DE VERDAD IMPORTA

*Llámame loco si quieres, pero me gusta
ver a otras personas felices y con éxito. La
vida es un viaje, no una competición.*

José Luis Navajo

—¡Abu! —grité lleno de entusiasmo—. ¡Qué bien!, ¡ya no estás en la cama!

Precisamente esa mañana salí al porche sin la expectativa de verlo, y allí estaba: sentado en una silla junto a la abuela.

—Ya lo ves, hijo —me indicó con un movimiento de mano que me acercara y me envolvió en un reparador abrazo mientras decía—: Parece que Dios ha decidido contestarte con un "sí" y me ha regalado la posibilidad de salir a disfrutar de esta maravillosa mañana.

Lo abracé con alegría.

—¡Pues seguiré orando para que pronto puedas salir conmigo a pasear por el bosque!

—Será maravilloso, seguro que pronto podremos hacerlo.

Sin embargo, seguía sin gustarme la palidez de su rostro; nada que ver con el aspecto saludable que vi al llegar el primer día a la granja.

—Por cierto —dijo la abuela—, casi lo olvidaba, ¡ha llegado una carta de Felipe Reyes!

—¡Qué bien! —exclamé tomando el sobre que me tendía y abriéndolo precipitadamente.

Apenas comencé a leerla cuando resoplé con enfado:

—¡Jo!, ¡qué suerte tiene Felipe!

—¿Por qué te enfadas? —preguntó el abuelo sin poder evitar reírse al ver mi gesto.

—Me da mucha rabia... le han comprado una Nintendo 3DS.

—¿Una Niquééé...? —interrogó la abuela.

—Una Nintendo —repetí— y de las mejores. Se la regalaron por haber aprobado todas las asignaturas. Es que sus padres tienen mucho de dinero... ¡qué suertudo es Felipe! ¡Ojalá mis padres tuviesen tanto dinero!

—Deberías alegrarte del bien de tu amigo —replicó el abuelo.

—Pero es que ellos tienen un montón de dinero y Felipe puede tener todo lo que quiera...

—Bueno —dijo abuelita terminando de limpiar las judías verdes que hoy pondría para comer y secándose después las manos en su delantal—. No está mal tener dinero; pero si sólo se tiene dinero...

—Pero yo también he aprobado todas —volví a resoplar—, y a mí no me han regalado nada.

Me había puesto en pie y recorría el porche de un lado al otro, como un león enjaulado.

—Siéntate, hijo —pidió mi abuelita señalando a una silla que había junto a ella.

En cuanto lo hice inició un curioso relato:

—«Aquel padre, un hombre muy próspero y que tenía lujosas propiedades, llevó a su hijo a una humilde casa en medio del campo con el único propósito de que viera lo pobres que las personas pueden llegar a ser y que así apreciara los muchos lujos que ellos tenían.

»En el viaje de regreso, el padre le preguntó: "¿Que te ha parecido el viaje?".

»"Fue maravilloso" —respondió.

»"¿Qué fue lo que aprendiste?" —preguntó el padre.

»El hijo le contestó:

»"He aprendido muchas cosas. Vi que nosotros tenemos un perro y ellos tienen cuatro. Nosotros tenemos una pequeña piscina y ellos un río que no tiene fin. Nosotros tenemos linternas muy caras y ellos las estrellas de la noche. Tenemos un jardín y ellos todo el horizonte. Nosotros tenemos un pedazo de tierra y ellos tienen tierras y más tierras, hasta donde alcanza la vista. Nosotros tenemos sirvientes y ellos se sirven entre sí. Nosotros compramos los alimentos y ellos los cosechan. Nosotros tenemos paredes para proteger nuestra propiedad y ellos tienen amigos que se la protegen".

»El padre quedó completamente pensativo y entonces el hijo agregó:

»"He aprendido que tenemos bastante menos que ellos, pero no importa, papá, te tengo a ti y a mamá; lo demás no tiene mucho valor"».

La abuela había terminado la historia, y también de limpiar la verdura.

—Así que ya lo ves, cariño —cogió el barreño donde estaban todas las judías y se encaminó hacia la cocina; yo la seguí—. Lo importante no es tener todo lo que queremos, sino querer aquello que tenemos —mantuvo un breve silencio, creo que para que yo meditase en lo que acababa de decir, y enseguida añadió—: ¿Oíste alguna vez el dicho: *Era tan pobre, tan pobre, que sólo tenía dinero?* Hay personas ricas que en realidad son unos *pobres ricos*... Pero la fe en Dios nos lleva a disfrutar plenamente lo que tenemos sin codiciar lo que nos falta. Sí —concluyó desapareciendo en la cocina—, la fe pone en fuga al gigante de la codicia.

—¿Pobres ricos? —ya no era solo el abuelo quien decía cosas raras, también la abuelita—. Aba, no se puede ser un pobre rico —fui detrás de ella cuando abandonó la cocina—. ¿Me oyes, abuelita? No se puede ser un pobre rico... o eres pobre, o eres rico, pero no pobre rico...

—Lo que intento decirte es que hay cosas que valen mucho más que el dinero —se sentó de nuevo en el porche y yo lo hice también a su lado; entonces comenzó a recitar unas frases que nunca olvidaré—:

> *Con el dinero podemos comprar una casa,*
> *pero no un hogar.*
> *Medicina, pero no la salud.*
> *Alimento, pero no el apetito.*
> *Podemos comprar un libro, pero no la*
> *sabiduría.*
> *Diversión, pero no la felicidad.*
> *Es posible comprar adornos, pero no la*
> *belleza.*
> *Un reloj, pero no el tiempo.*
> *Con el dinero podríamos comprar un crucifijo,*
> *pero no la fe.*
> *Un lugar en el cementerio, pero no en el cielo.*

Me miró entonces y sonrió al concluir—:

> *Quien pierde dinero, pierde mucho.*
> *Quien pierde un amigo, pierde más.*
> *Quien pierde la fe, lo pierde todo.*

*Pero quien habiéndolo perdido todo, conserva
la fe, esa persona es verdaderamente
afortunada; conserva el más grande de
todos los tesoros.*

Escuchando aquello recordé la conversación que mantuve con mis padres el día que llegamos a aquella granja:

—*Los abuelitos deben ser muy ricos, ¿verdad?* —les dije.

—*Inmensamente* —respondió mamá—. *Pero no son ricos porque tengan muchas cosas, sino porque necesitan muy pocas para vivir y ser felices.*

Recordé también que se habían referido a la fe como al tesoro más grande que poseían los abuelos. Estaba comprobando ahora que todo aquello era cierto, la fe era un tesoro de incalculable valor, y esa joya la tenían. De ahí procedía la paz que irradiaban y aquella seguridad tan contagiosa que les hacía vivir con serenidad y confianza.

Mientras meditaba en ello, noté que me emocionaba y decidí salir a pasear por el bosque; necesitaba meditar a solas. Desde que había llegado a la granja, un sentimiento desconocido por mí me estaba embargando. Ver a mis abuelos tan felices, tan tranquilos y seguros... Descubrir que se levantaban por la mañana con una sonrisa y que eran capaces de mantenerla aun cuando las cosas no fueran del todo bien... En otras personas, había escuchado el evangelio, pero en ellos lo veía.

Seguí paseando mientras dentro de mí nacía un intenso deseo y una pasión ferviente: quería lo que ellos tenían... quería ser como ellos. Me senté en una piedra y apoyé mi rostro en las manos; al sentirlas húmedas descubrí que lloraba. El sonido del viento en las copas de los árboles me pareció el susurro de Dios. El canto de las aves, montones de pajarillos felices y enloquecidos, me acercó a la alegría que se experimenta cuando todo está resuelto y no hay de qué preocuparse.

Me pareció ver la sonrisa del Señor en una pequeña nube que se curvó. Sí, me pareció que el cielo me sonreía y yo le devolví la sonrisa.

—Te amo, Señor —yo mismo me sorprendí cuando de mi boca salieron esas palabras, no obstante las repetí—: Te amo Señor... te amo Señor...

Lloré ahora de forma incontenible y de nuevo alcé los ojos al cielo... Tras la cortina de lágrimas observé cómo la caprichosa nube había tomado otra forma... la forma exacta de una cruz.

"Lo hizo por mí, pensé, *lo hizo por mí".* Las lágrimas brotaron a raudales e impregnadas en gozo. Me sentía pecador, pero a la vez redimido... culpable, pero perdonado... completamente perdonado.

—¿Qué te ocurre, hijo?

La voz me sobresaltó.

Era el abuelo.

Se sentó a mi lado, preocupado, y puso su brazo sobre mi hombro mientras volvía a interrogarme.

—¿Qué te ocurre?, ¿por qué lloras?, ¿te sientes mal?, ¿te hiciste daño?

—Abu —le dije con mis ojos encharcados pero a la vez sonriendo—, no siempre se llora por algo malo, ni siempre es malo llorar.

Me miró algo más tranquilo, pero aún se apreciaba inquietud en su mirada.

—Lo he encontrado abuelo...

—¿Qué encontraste, hijo? —su gesto denotaba preocupación y sorpresa.

—Vuestro tesoro... —le dije—. Encontré el tesoro que os hace vivir tan felices... He sentido el amor de Dios aquí adentro —me toqué a la altura del corazón.

Me abrazó durante tanto tiempo que yo pensé que ya nunca me soltaría.

—Tienes razón —me dijo—, no siempre es malo llorar; a veces es la expresión de la máxima alegría, como en este caso, hijo mío.

Fue después de un rato que caí en cuenta:

—Pero, ¡Abu, estás caminando! —la emoción me impidió fijarme en que el abuelito había llegado hasta mí, apoyado en dos bastones.

—Así es, hijo. Oraste con tanta insistencia que Dios decidió volver a decir "sí".

Allí, abrazado de nuevo a mi abuelo y sintiéndome a la vez arropado por el cielo, percibí que en mi corazón ardía la antorcha de la fe: ¡Dios escuchó mi oración y la había contestado! Lo hizo en su tiempo, y no en el mío... pero lo hizo. Y sentí también que el brillo de la fe que inflamaba mi corazón pondría en fuga a cuanta falta de confianza o temor quisieran oscurecer mi camino.

27

CICATRICES DE ORO

No te fíes demasiado de las palabras de
un hombre que no tiene cicatrices.
José Luis Navajo

Mientras jugaba en el jardín escuché una voz desconocida proveniente del salón y entré pensando que habría una visita. Encontré a los abuelitos sentados frente al televisor. La voz que atrajo mi atención era la locución de un programa.

—¡La tele funciona! —exclamé sorprendido.

—Sí —admitió el abuelo—, sorprendentemente hoy llega la señal...

—¡Pon los dibujos animados, porfa...!

—Espera un momento —pidió la abuelita—, este reportaje es muy interesante. Mira cómo sacan ese barco del agua.

La imagen mostraba a un tractor tirando de un enorme barco; lo sacaba del mar a través de una inclinada rampa. El buque descansaba sobre unas ruedas e impresionaba ver el gigantesco armazón emergiendo de las aguas.

—¡Qué raro! —dije—. Un barco en la tierra...los barcos tienen que estar en el mar. ¿Por qué no lo dejan en el agua?

—Tienen que limpiarlo y repararlo —explicó el abuelo—. Todos los barcos deben ser sacados a tierra alguna vez. Precisan ser revisados y siempre hay desperfectos que arreglar.

—Pues pobre barco —repliqué con la inocencia propia de mi edad—; seguramente se sentirá muy raro al notarse tan sequito...

—Lo que dices me hace pensar —repuso—. Se me ocurre que si ese barco pudiera hablar nos diría cosas muy interesantes...

—¿Qué cosas nos diría? —pregunté extrañado.

—Tal vez haría preguntas tales como: "¿Por qué me dejan en dique seco? Fui creado para surcar los mares y ayudar a transportar personas y a capturar peces. ¿Acaso ya no sirvo para nada? ¡Es injusto que me saquéis del medio para el que fui creado!".

—Pero, no debe preocuparse —repliqué—. Lo sacan para arreglarlo y luego navegará mejor.

—¡Exacto! —exclamó el abuelo—; pero eso no lo sabe el barco.

Guardó un instante de silencio que la abuelita aprovechó para intervenir:

—También Dios, a veces nos saca del agua y permite que estemos en dique seco; nos aparta del fragor de la actividad para tratar con nosotros en la intimidad. Usa tiempos de "sequía" para examinar nuestra vida y reparar aquellos desperfectos que nos impiden ser realmente efectivos.

—Eso es cierto —asintió el abuelo—. Y del mismo modo que el barco experimentaría un gran desconcierto si tuviera emociones, también nosotros nos sentimos extraños. Nuestro lugar es el mar, nuestra misión

surcar las aguas y pescar... pero ahora estamos blo-
queados e inactivos —el abuelo adoptó un gesto de enso-
ñación al decir—: Cuántas veces he meditado en ese
texto de la Biblia que se encuentra en Oseas, capítulo
dos y versículo catorce: *"Yo la voy a enamorar: la llevaré
al desierto y le hablaré al corazón"* (DHH). Sí —asentía con
la cabeza a la vez que hablaba—, a veces Dios nos saca
de la actividad para tratar con nosotros en la intimidad.

—Nos aparta de la lucha para afilar nuestra espada —
era ahora la abuelita quien hablaba—: Nos retira de la
mesa donde servimos para cubrir las grietas abiertas
en el utensilio de barro y allí, en el altar del reposo y
la comunión, Él renueva el filo a nuestra hacha y agu-
za nuestra fe. Una vez reparado, el barco volverá al
mar y lo surcará poderoso; desde su cubierta se lan-
zarán redes que recuperarán luego, llenas de peces...

—En fin —dijo el abuelo—, veamos qué dibujos ponen
en la tele...

—No, Abu, me gusta ver cómo arreglan el barco. Sigue
explicándome esas cosas.

—Pues ya que lo dices —repuso—, esta conversación
me hace recordar una interesante historia.

—¡Cuéntamela, porfa! —exclamé.

—Está bien, pero quiero que veas este cuenco.

Se incorporó y de un estante extrajo una vasija de
porcelana que lucía surcada por estrías doradas.

—Es un cuenco chino que se utiliza para la ceremonia del té, una costumbre muy apreciada y arraigada
en la cultura oriental. ¿Ves esos surcos dorados?

—Sí —le dije—, tienen un brillo muy bonito.

—Pues en realidad son grietas provocadas por un golpe que rompió este bol.

—¿Se rompió?

—Se hizo pedazos —concretó—. Y aquí es donde comienza mi historia: «Al Shogun Ashikaga Yoshimasa se le rompió su cuenco de té favorito. Como era un hombre muy poderoso decidió hacer lo imposible por reparar aquel objeto y lo mandó al lugar en China donde se había fabricado, con la esperanza de que aquellos artesanos le devolviesen la vida.

»Esperó y esperó hasta la mañana en que volvió el cuenco. Pero entonces el soberano sufrió la más grande de las decepciones. Se había reparado con unas grapas de metal que no alcanzaban a unir las grietas y que lo inutilizaban para su uso en la ceremonia del té, además de afearlo y privarlo de la delicadeza que tanto apreciaba en él.

»El Shogun Ashikaga era conocido por su determinación y haciendo gala de esa cualidad siguió creyendo que la reparación era posible. Esta vez mandó a artesanos japoneses que encontraran una solución, y que desarrollaran una técnica para reparar cerámica que uniese perfectamente las juntas. Así nació el Kintsugi...»

—¿El qué? —pregunté extrañado.

—El Kintsugi —repitió—. Se trata de una reparación que se lleva a cabo con barniz de oro. Así fue como le devolvieron su vasija. ¡Las grietas habían sido selladas con oro líquido! Lo que antes era un defecto ahora brillaba de manera bellísima.

—¡Esta vasija —exclamé señalando al bol que había traído mi abuelo— la arreglaron de esa manera!

—Así es —afirmó—. El Kintsugi logra, además de reparar la pieza, transmutar las heridas en la principal característica a destacar del objeto. Llegó a tener tanta popularidad esta técnica, que se dice que algún coleccionista rompía intencionalmente su cerámica para aspirar a poseer un Kintsugi. Actualmente, las antigüedades reparadas mediante esta técnica son más apreciadas que las que no se han roto nunca, es una especie de contrasentido que sólo se entiende admirando las cicatrices de oro que surcan su superficie. Lo mismo, hijo, exactamente lo mismo nos ocurre a los humanos: Las cicatrices recibidas por la experiencia, los golpes experimentados a lo largo de la vida, cuando los encajamos con sabiduría, no nos destruyen sino que nos construyen. No nos incapacitan sino que nos dotan de nueva capacidad. En alguna medida, eso es lo que intenta transmitir el apóstol Pablo cuando afirma que todas las cosas ayudan a bien a aquellos que aman a Dios (Romanos 8:28).

28

"ESTAR" ES MÁS IMPORTANTE QUE "HACER" O "DECIR"

"La mejor medicina es amor y cuidados", aseguró el
médico. "¿Y si no funciona?". "Aumente la dosis".

José Luis Navajo

El verano avanzaba inexorable, y llegó ese día que
había temido desde que arribé a casa de los abuelos.

—¡No quiero ir, abuelitos!

—No será nada —prometía la abuela—. No te harán
ningún daño y se te pasará enseguida.

—¡Pero es que no quiero ir…!

Había llegado el día más terrible de todas las vaca-
ciones. Mis padres me habían avisado antes de mar-
charse de que un día en el verano tendría que ir a que
me hiciesen un análisis de sangre.

—Es un control rutinario —explicó mamá a los abuelitos—. Pero no debéis olvidarlo. Aquí os dejo la fecha
anotada.

De buena gana hubiera arrugado el papel con la fecha
y lo habría tirado a la papelera, en un intento de que
los abuelos lo olvidaran, pero ellos lo guardaron lejos
de mi alcance.

Ese día había llegado.

No sólo me hicieron levantar temprano, sino que cuando me senté en la mesa del porche esperando el desayuno, el abuelo me dijo:

—No, hijo, no puedes desayunar hasta que te hagan el análisis.

Resoplé con todas mis fuerzas.

—Es el peor día de toda mi vida —dije exagerando muchísimo mi enfado.

Poco después estaba frente a la estancia donde sería ensartado por una jeringuilla que me dejaría sin sangre (así lo imaginaba yo).

—Adelante —dijo la enfermera.

Pero no di ni un paso.

Estaba petrificado.

—Ven, jovencito —se dirigió a mí, pero yo la ignoré.

Con inmensa paciencia, la enfermera se acercó y me dio la mano, pero mis pies estaban clavados en el suelo y no me moví ni un milímetro.

—Si no pasa Abu conmigo, yo no paso —desafié.

—No hay problema —dijo la enfermera—. Por supuesto que tu abuelo puede acompañarte.

Mi abuelo puso su brazo sobre mi hombro, y juntos nos aproximamos a la *mesa del sacrificio.*

—Extiende tu brazo y apóyalo en la mesa —me indicó la enfermera.

—¡Mira lo que tengo aquí! —mi abuelo había sacado de su bolsillo una libreta llena de dibujos y me la estaba mostrando—. Todos estos dibujos los hiciste tú cuando eras más pequeño. ¡Mira!, aquí dibujaste a tu papá.

—¿Ese es papá? —exclamé— Ja, ja, ja... ¡qué feo!

—¡Pues mira cómo me pintaste a mí! Más feo todavía que papá...

—¡Ja, ja, ja! —los dos reíamos con ganas.

—Ya está, jovencito —la voz de la enfermera me trajo de vuelta a la *mesa del sacrificio*—. Puedes marcharte.

La miré, sorprendido.

—¿Ya? —pregunté extrañadísimo.

—Y ahora te invito a un chocolate con churros en la cafetería del hospital —me dijo el abuelo.

Miré de nuevo a la enfermera.

—Tienes un abuelo magnífico —me dijo—. Cuídale mucho y quiérele mucho también.

Muchas veces he rememorado ese momento en el que la compañía de mi abuelo convirtió *el peor día de mi vida* en una mañana de risas.

La fe que me infundió la presencia de mi abuelito puso en fuga al gigante del temor. Y he recordado con frecuencia la determinación con la que dije: "Si no pasa Abu conmigo, yo no paso".

Han sido varias las ocasiones en las que alguna amenaza se cernía en el camino o alguna prueba dificultaba el avance. "Sin Dios no sigo adelante", he dicho entonces.

Me tomé de la mano del Señor y descubrí que era posible avanzar y también reír en el camino. La fe en Dios pone en fuga al enemigo de los miedos y temores.

¡Qué bendición Abu, que Dios jamás nos deja solos ante ninguna amenaza!

29

¿MIL RAZONES PARA LLORAR? ¡SIEMPRE HABRÁ MIL Y UNA PARA REÍR!

Aunque pase por el más oscuro de los valles, no temeré peligro alguno, porque tú, Señor, estás conmigo.

Salmo 23:4 (DHH)

El verano se iba como un gustoso aroma que se disipa. El cielo fue, hasta ahora, durante el día, de un azul obcecado, inclemente y violento. Cada noche dejaban las cigarras su lugar a los grillos, ambos frotaban sus élitros endurecidos en un desesperado intento de apaciguar el calor. Pero discurría mi estación predilecta mucho más veloz de lo que yo hubiera deseado. Lo noté en las primeras horas del día cuando un viento fuerte trajo y llevó un rebaño de nubes y el cielo suavizó su calor acerado, haciéndose comprensivo, comprensible y casi desmayado.

Pero lo que me producía cierta desazón era percibir que los días eran cada vez más cortos. Tal vez por eso, porque anticipaba el fin del verano, me empeñaba en acostarme lo más tarde posible. Por la noche, después de cenar en el porche, nos sentábamos a disfrutar del frescor. Solíamos hacerlo en un poyo que había bajo un emparrado. Y allí nos quedábamos hasta muy tarde. Porque era verano, porque pronto dejaría de serlo y porque aún era tiempo de olvidarse de que existían los relojes y de que había que irse a la cama.

Sentados allí, bajo las estrellas, pasaba las horas muertas, a veces contando chistes, o pensando en el increíble verano que estaba disfrutando, pero sobre todo, escuchando embobado la sabiduría de mi abuelo.

—Qué bueno fue Dios —les dije aquella noche— al contestar mi oración cuando le pedí que curara tus piernas, Abu.

—Es cierto, hijo, Dios fue muy bueno —repuso.

—Pero Dios sigue siendo bueno, aunque a veces no nos conceda todo aquello que le pedimos —la abuelita consideró importante hacer esa aclaración—. Quiero contarte algo: «Estaba en cierta ocasión muy afligida porque el abuelito se había quedado sin trabajo y yo tenía temor de que pudiera llegar a faltarnos el dinero... Una mañana nos levantamos ambos y fuimos juntos al mercado; me sentía rara al hacer la compra con él a mi lado. Hasta ese día iba yo sola a comprar, ya que su horario de trabajo le impedía acompañarme. Fíjate —sonrió al decirlo—, que hasta me sentí un poco incómoda cuando él opinaba sobre si era mejor comprar manzanas o naranjas... nunca antes había tenido al lado a alguien que me indicara qué comprar o qué dejar de comprar —noté como el abuelo también sonrió y le acarició el rostro—. Regresando del mercado pasamos por la puerta del cementerio y allí encontramos a un anciano que, sentado a la sombra de un ciprés, suspiraba.

»"¿Qué le ocurre?" —preguntamos.

»"Ella me dejó hace seis meses, y aquí vengo cada mañana y cada tarde a velar su sepultura… No sé vivir sin ella; la echo tanto de menos".

»Miré entonces a tu abuelo, a mi lado, y descubrí que teníamos algo valiosísimo: el inmenso privilegio de estar juntos y disfrutar las muchas cosas sencillas que poseemos: un paseo por el parque, saborear un café mirando el amanecer, un plato de comida en compañía… enormes lujos sencillos que le dan sentido a la vida. Mi confianza en Dios renació y no pareció tan grave que faltase un trabajo.»

—Hijo mío —era el abuelo quien ahora hablaba—, intenta recordar esto siempre —había intensidad en su voz—. No pierdas la vida lamentando lo que te falta. Aprende a disfrutar de los muchos dones que Dios te da. Las mejores cosas que se pueden disfrutar suelen venir en empaques muy sencillos. Hay millones de dones que cada día recibimos y son gratis: el sol despuntando en el horizonte y tiñendo el cielo de rosa, naranja y violeta; el vuelo de una mariposa o un atardecer tras las montañas. Las cosas más hermosas vienen de gracia; son un regalo de la gracia de Dios y ¡no cuestan ni un céntimo!

Me pareció tan bonito, no sólo lo que dijo, también cómo lo dijo, que quedé por largo rato mirando las estrellas y saboreando aquellas frases.

¡Qué preciosa la fe de mis abuelos!

30

SI DIOS NO DA LO BUENO, ES PORQUE PREPARA LO MEJOR

Los golpes de la adversidad son muy amargos, pero nunca son estériles.

Joseph Ernest Renan

—Llama a tus papás para ver qué tal están —me dijo el abuelito una tarde, cuando llegamos a casa después del paseo.

Cuando hube colgado, la abuela suspiró:

—¡Qué gran invento es el teléfono! Poder hablar con alguien aunque esté a mucha distancia.

—¿A que no sabes quién inventó el teléfono, abuelita?

—Pues la verdad es que no —confesó.

—Alexander Graham Bell —recité, feliz de poder exhibir los conocimientos que había adquirido en el pasado curso.

—¿A que tú no sabes la razón que llevó a Graham Bell a lograr ese descubrimiento? —me desafió entonces el abuelo.

Fruncí el ceño pensativo, pero fue inútil, no tenía la menor idea.

—La mayoría desconoce —explicó— que lo que Bell pretendía no era transmitir la voz, sino curar la sordera. Su mujer, Mabel Hubbard, perdió la audición a los

173

cinco años de edad por una fiebre escarlatina que le dio. Fue el amor lo que empujó a Graham Bell a emprender el trabajo, pero jamás consiguió lo que quería: su mujer murió sin poder escuchar una sola palabra. Sin poder disfrutar del descubrimiento de su esposo.

—¡Qué triste! —exclamé.

—En absoluto —replicó mi abuelo—. Bell no logró que su esposa oyera, pero el descubrimiento que hizo ha salvado vidas, cambiado destinos y transformado naciones. Logró algo que no afectó sólo a una vida, como él pretendía, sino que marcó una diferencia en todo el mundo y en todas las generaciones.

—Con frecuencia vivimos situaciones parecidas —repuso la abuelita—. Nos ocurre a veces que no alcanzamos lo que queremos, pero Dios permite que veamos un final más grande y provechoso que aquel que habríamos logrado, si hubiéramos cumplido nuestras aspiraciones.

—Así es —afirmó el abuelo—. Es mejor que Él escriba la historia y redacte los finales, porque nunca se equivoca.

—Si Dios no te da lo bueno —sentenció la abuela—, es porque prepara lo mejor.

—Esto que hablamos me hace recordar una interesante historia —repuso él.

—¡Cuéntamela, porfa, Abu!

—Escucha: «Hubo una vez cuatro semillas que llevadas por el viento fueron a parar a un pequeño claro de la selva. Allí quedaron ocultas en el suelo, esperando la mejor ocasión para desarrollarse y convertirse en un precioso árbol. Pero cuando la primera de aquellas semillas comenzó a germinar, descubrieron que no sería tarea fácil. Precisamente en aquel pequeño claro vivía un grupo de monos, y los más pequeños se divertían arrojando plátanos a cualquier planta que vieran crecer. De esa forma se divertían, aprendían a lanzar plátanos, y mantenían el claro libre de vegetación.

»Aquella primera semilla se llevó un platanazo de tal calibre, que quedó casi partida por la mitad. Y cuando le contó a sus amigas su desgracia, todas estuvieron de acuerdo en que lo mejor sería esperar sin crecer a que aquel grupo de monos cambiara su residencia.

»Todas, menos una, que pensaba que al menos debía intentarlo. Y cuando lo intentó, recibió su platanazo, que la dejó doblada por la mitad. Las demás semillas se unieron para pedirle que dejara de intentarlo, pero aquella semillita estaba completamente decidida a convertirse en un árbol, y una y otra vez volvía a intentar crecer. Con cada nueva ocasión, los pequeños monos pudieron ajustar un poco más su puntería gracias a nuestra pequeña plantita, que volvía a quedar doblada.

»Pero la semillita no se rindió. Con cada nuevo platanazo lo intentaba con más fuerza, a pesar de que sus compañeras le suplicaban que dejase de hacerlo y esperase a que no hubiera peligro. Y así, durante días, semanas y meses, la plantita sufrió el ataque de los monos que trataban de parar su crecimiento, doblándola siempre por la mitad. Sólo algunos días conseguía evitar todos los plátanos, pero al día siguiente, algún otro mono acertaba, y todo volvía a empezar.

»Hasta que un día no se dobló. Recibió un platanazo, y luego otro, y luego otro más, y con ninguno de ellos llegó a doblarse la joven planta. Y es que había recibido tantos golpes, y se había doblado tantas veces, que estaba llena de duros nudos y cicatrices que la hacían crecer y desarrollarse más fuertemente que el resto de semillas. Así, su fino tronco se fue haciendo más grueso y resistente, hasta superar el impacto de un plátano. Y para entonces, era ya tan fuerte, que los pequeños monos no pudieron tampoco arrancar la plantita con las manos. Y allí continuó, creciendo, creciendo y creciendo.

»Gracias a la extraordinaria fuerza de su tronco, pudo seguir superando todas las dificultades, hasta convertirse en el más majestuoso árbol de la selva. Mientras, sus compañeras seguían ocultas en el suelo y seguían como siempre, esperando que aquellos terroríficos monos abandonaran el lugar, sin saber que precisamente esos monos eran los únicos capaces de fortalecer sus troncos a base de platanazos, para prepararlos para todos los problemas que encontrarían durante su crecimiento».

—Ja, ja, ja —reí—. Me imagino a los monos lanzando los plátanos y me da la risa.

—Esos monos representan a los contratiempos que aparecen en la vida —apuntó la abuelita—, y que nos impiden alcanzar todo lo que queremos y anhelamos.

—Cuando los enfrentamos con fe y esperanza, los reveses de la vida no nos tumbarán, sino que nos harán crecer más fuertes —replicó él—, en definitiva, como decía Viktor Frankl: *No podemos elegir lo que nos tocará enfrentar, pero sí podemos decidir con qué actitud vamos a enfrentarlo.*

31

PRENDER LA LUZ EN LOS CORAZONES

Si ayudo a una sola persona a tener esperanza, no habré vivido en vano.

Martin Luther King, Jr.[16]

Fue aquella misma noche. Mi abuelo volvió a encender el farolillo y me dijo:

—He observado que te gustan mucho las historias.

—¡Sí, me gustan mucho! —repliqué.

—Se me está ocurriendo una que es muy emocionante…¿Quieres que te la cuente?

—¡Claro! —respondí entusiasmado.

—Es de noche —advirtió la abuelita—. No le cuentes historias de miedo, o luego no podrá dormir.

—No —aseguró—. Ésta es una historia muy bonita que no te quitará el sueño. Pero ya que vamos a contar historias, hagámoslo bien.

Diciendo esto entró a casa y salió con una gran sábana.

—¿Adónde vas con eso? —preguntó la abuela.

—Aguarda, aguarda; verás que emocionante.

Clavó unos palos en el suelo y sobre ellos colocó la sábana construyendo de ese modo tan sencillo una magnífica tienda de campaña. Primero entró él llevando el farolillo y a continuación me introduje yo.

—¡Qué bien! —exclamé—. ¡Parece un campamento de verano!

Enseguida llegó la abuela trayendo el postre de la cena.

—¡Me hacéis un hueco a mí también!

Así, dentro de la tienda de campaña, tomamos el delicioso bizcocho que la abuela había preparado. Luego, mi abuelo bajó la intensidad de luz al farolillo y dijo:

—¿Estáis listos para escuchar una emocionante historia?

—¡Listos! —grité.

—Chis... A partir de ahora todos en silencio —advirtió—. Comienza la historia: «¡Menudo revuelo se armó en el cielo cuando el abuelito Andrés apareció por allí! Nadie se lo esperaba, porque aún era muy joven y además era él quien cuidaba de su nietecito, así que, en las puertas del cielo, el apóstol Pedro le miró muy severamente, diciendo:

»"¿Pero qué haces aquí? Seguro que todavía no te toca..."

»Sin embargo, al comprobar su libro, Pedro no se lo podía creer. Era verdad, el abuelo había cumplido su misión, incluyendo dar todo lo que necesitaba su nietecito, ¡y en tan poco tiempo!

»Al ver la extrañeza de Pedro, el abuelo Andrés le dijo sonriente.

»"Siempre fui muy rápido en todo. Desde que mi nieto era muy pequeñito le di cuanto era importante, y lo guardé todo en el lugar donde los niños guardan su tesoro".

»Todos sabían a qué se refería el abuelo Andrés. Los papás, las mamás, las abuelas y los abuelos van llenando de amor y virtudes el corazón de sus hijos y nietos, y sólo pueden ir al cielo cuando el corazón del niño está completamente lleno. Ese era el tesoro al que se refería el abuelo Andrés.

»Aquello era una gran noticia, porque no era nada normal conocer niños que tuvieran el corazón lleno tan pronto.

»Todos los ángeles quisieron verlo. Ver los corazones de los niños es el espectáculo favorito de los ángeles. Por la noche, cuando los niños duermen, sus corazones brillan intensamente con un brillo de color púrpura que sólo los ángeles pueden ver. Estos se sientan alrededor de los niños y se deleitan con el brillo de los corazones mientras susurran bellas canciones.

»Esa noche un montón de angelitos inundaron la habitación del nietecito de Andrés y esperaron sin que el niño les viera. El pobre estaba muy triste por la marcha de su abuelo, pero no tardó en dormirse. Cuando lo hizo, su corazón comenzó a iluminarse poco a poco; fue brillando cada vez más, hasta alcanzar un intenso resplandor y la luz reverberaba con una belleza insuperable.

»Sin duda los abuelitos y los papás habían dejado el corazón del niño rebosante de amor y virtudes. Tanto que podría compartirlo con mil niños y aun así no se le acabaría. Los ángeles agradecieron el espectáculo con sus mejores cánticos, y con la promesa de volver cada noche.

»Al despertar, el niño no vio nada extraño, pero se sintió muy bien. La pena se estaba pasando y notó que tenía muchas fuerzas para comenzar el día, dispuesto a llegar a ser el niño que su abuelito siempre había querido que fuese».

—¡Qué historia tan bonita! —exclamé.

—¿Te ha gustado? —me preguntó dándome un abrazo.

Me extrañó, sin embargo, ver los ojos de la abuelita brillantes, como si hubiera llorado.

—¿No te ha gustado la historia, Aba? —pregunté, entre extrañado y preocupado.

—Mucho, cariño... me ha gustado mucho.

Me pareció raro que estuviese triste, pero en ese momento no fui capaz de detectar el motivo de su decaimiento; como tampoco supe entender el mensaje que mi abuelo me estaba transmitiendo con su historia. ¿Cómo iba a imaginar que el abuelo del cuento era él mismo? ¿Cómo pensar que el niño del relato era yo, y que era mi corazón el que estaba siendo lleno de tesoros? ¿Cómo suponer que mi abuelo estaba muy enfermito y que lo que le mantuvo en cama tantos días no tenía que ver únicamente con sus piernas?

32

TERMINA EL VERANO

Los niños aprenden lo que ven mucho mejor que lo que oyen. Es más fácil seguir huellas que obedecer órdenes.

José Luis Navajo

La llegada de mis padres me alegró mucho, pero a la vez me entristeció, porque era el claro anuncio de que se terminaba el verano y eso implicaba separarme de los abuelos.

El abrazo que me dieron en la despedida fue interminable, pero se me hizo tan corto como el *largo* verano que había pasado con ellos.

Al deshacer el abrazo les miré... quería decirles muchas cosas, pero ninguna me salía. En mi mente se formaban montones de frases: *Os quiero...lo he pasado muy bien...sois geniales...*Pero notaba un peso muy grande en la garganta y no me salían las palabras.

Desde aquel momento, odio las despedidas.

Caminé unos metros llevando mi maletita repleta de ropa, y me detuve en la cerca de madera, junto al pequeño cartel, también de madera y sujeto con cuatro clavos.

—Ahora lo entiendo —dije.

—¿Qué entiendes, hijo? —preguntó papá.

—*Villa Fe* —leí—. Ahora entiendo por qué se llama así.

Miré hacia el porche. Los abuelitos agitaban su mano en la despedida.

—Déjame la maleta, yo la llevaré —dijo papá, notando que yo ya tenía suficiente con el abatimiento que cargaba.

Me detuve de nuevo y me giré.

—¿Cuándo volveremos a vernos? —grité.

—¡Dios dirá! —exclamó el abuelo—. ¡Y recuerda: aunque a veces se haga de noche, el cielo nunca se apaga!

—¿En Navidad? —volví a gritar—. ¿Nos veremos en Navidad?

Los abuelos no me contestaron. Agitaban sus manos y las llevaban a la boca, lanzándome muchos besos.

—¡Abu, Aba, os quiero! —les grité—, ¿lo sabéis?, ¡os quiero mucho!

¡Lo había conseguido! ¡Logré pronunciar las palabras que había dentro de mí!

—¡Me habéis enseñado muchas cosas! —añadí—. ¡Sois geniales! ¡Sois los mejores abuelos del mundo!

Creo que aún estaría gritándoles las frases que nacían en mi corazón, si mamá no me hubiera instado con mucho cariño:

—Tenemos que irnos, hijo, el tren sale enseguida.

Me extrañó mucho que papá y mamá estuvieran tan callados en el camino de regreso. Yo, sin embargo, no paraba de hablar:

—Los abuelitos me enseñaron a confiar en Dios. Tienen una fe muy grande.

—Son unos héroes —dijo mamá. Papá no dijo nada y me dio la impresión de que tenía los ojos húmedos. A ratos se giraba, como para mirar por la ventanilla del tren, pero noté que aprovechaba para pasarse la mano por los ojos; sé que lo hacía para retirar las lágrimas que pugnaban por salir.

—¿Unos héroes? —repliqué imaginándome al abuelito con la capa de Supermán...y me gustó mucho figurarlo así.

33

DESPEDIDA

Creo en el sol aunque no brille.
Creo en Dios aun cuando calla.

Rabrindanath Tagore[17]

La presión de la mano de papá sobre mi hombro me sobresaltó.

—Salgamos, hijo.

A mi lado, sentada y en silencio, estaba la abuelita; sus ropas negras la hacían casi imperceptible en la penumbra de la sala donde velábamos.

Me incorporé para aproximarme al cristal. Tras el grueso vidrio, unas lámparas que imitaban la luz de una vela arrojaban su luz amarillenta sobre el cuerpo inerte del abuelo. Alrededor, muchas coronas y centros florales intentaban inútilmente tapar a la muerte.

Murió ayer; o para ser exactos su corazón dejó ayer de latir, porque en algún sentido, o en un gran sentido, él sigue vivo. Lo único que hizo fue iniciar el viaje que culminaría su gran sueño: estar junto a Dios.

Se escurrió de la vida con mucha serenidad, con la misma con la que vivió.

Todo lo urgente está resuelto, repetía siempre, *Dios se ocupó de ello.*

Faltaban quince días para Navidad. La fecha en que yo vaticiné nuestro próximo encuentro...

—Salgamos, hijo —repitió mi padre.

El calor de su mano en mi hombro me infundió ánimos, y creo que con ese gesto también se apoyaba en mí.

Amanecía.

Me sorprendió descubrir que habíamos pasado toda la noche velando al abuelito. Un montón de pajarillos cantaban alborozados, ajenos totalmente a este asunto de las despedidas humanas.

—¡Espera! —pedí a papá.

Entré a la sala y salí enseguida sosteniendo un pedazo de pan que sobró de los bocadillos que habíamos comido unas horas antes. Lo desmenucé y, desmigado, lo arrojé al suelo. De inmediato, aparecieron decenas de pajarillos que se disputaban las migas. Uno de ellos ladeó su cabeza para enfocarme y detecté gratitud en sus ojos, diminutos como puntas de alfiler.

Montones de recuerdos se daban cita en mi memoria:

¿Te das cuenta de que viven tranquilos y sin ningún afán? Dios les da de comer cada día...

¿Dios? No, Aba, no les da de comer Dios, les estás dando de comer tú.

No, precioso mío —y su sonrisa competía con la luz de aquella radiante mañana—. *Es Dios quien los alimenta. Hoy lo hace usando mis manos, pero si no estuviera yo, les alimentaría igualmente, usando otras...*

Me emocioné con el recuerdo mientras que tres avecillas me hacían cosquillas al picotear la miga de pan que había en la palma de mi mano.

Volví a entrar a la sala.

—Ven Aba —tomé su mano—. Acompáñame un momento.

—No quiero separarme de él, hijo —consciente de que en unos minutos dejaría de verle, quería apurar al máximo el tiempo que le quedaba junto a él.

—Sólo será un instante —prometí—. Enseguida volveremos con Abu.

Con pasitos diminutos me acompañó al exterior mientras lamentaba:

—Le amé tanto —corrigió enseguida—; le amo, le amo mucho... Pero, fíjate, hijo, tengo la sensación de que debería haberle amado más... Sí solamente hubiera sabido que se iba a ir tan pronto, le habría amado mucho más...

—No digas eso, Aba —la abracé para hablarle al corazón—. He visto a pocas personas que se amen tanto como Abu y tú. Se ha ido lleno de amor.

—Pero tendría que haberle dicho más a menudo cuánto le quería. Me da la impresión de que hay muchas expresiones de amor que se quedaron enganchadas en la garganta.

Besé su mejilla y sin retirar mi mano de su hombro caminamos hacia el exterior.

—Son demasiados recuerdos y muy afilados —siguió diciendo—; se hace doloroso vivir con ellos, pero imposible abandonarlos —movió la cabeza con resignación al admitir—: Cuando parecen ya vencidos, se presentan más vivos que nunca.

En cuanto salió al exterior vio y escuchó a las avecillas que celebraban la luz del nuevo día.

Sobre los ojos de la abuela, tristes pero serenos, se meció una fina lámina de agua. Sobre su mente flotaban dulcísimos, pero afilados, recuerdos.

Puse pedacitos de pan sobre mi mano y las aves escalaron a ella.

—¿Recuerdas, Aba? *Cuando alguna mano se cierre, Dios te acercará el pan sobre otra mano. Si el río que hoy te da agua llegara a secarse, no desesperes, Dios aproximará el agua por otro cauce...*

—*Dios ha prometido cuidar de ti* —prosiguió ella—, *y Él es fiel a su promesa.*

—Abu está junto a Dios, y Dios está a tu lado, Aba.

—Lo sé, hijo —me abrazó y lloró, pero no de desconsuelo—. Él es un papá amoroso y responsable... Nada nos faltará.

EPÍLOGO

—¡Feliz cumpleaños, Abu!

El grito me sobresalta, y al girarme encuentro a mi nietecito corriendo hacia mí con sus brazos extendidos.

—¡Felicidades, Abu! —repite mientras me abraza y me besa para enseguida añadir— ¡Hoy cumples un montón de años y por eso tengo que tirarte un montón de veces de las orejas…!

El radiante saludo de mi nieto me ha sacado de mi ensueño. Miro el reloj y, sorprendido, descubro que llevo más de cinco horas embebido en el recuerdo. ¡He pasado toda la mañana rememorando aquel lejano cumpleaños —mi octavo o noveno, no estoy del todo seguro— y el apasionante verano que le siguió…y la inesperada y difícil despedida que vino después!

Este será el primer verano que María y yo pasaremos en compañía de nuestro nieto. ¡Estoy tan ilusionado que apenas pude dormir! Me levanté muy temprano para que todo estuviera preparado cuando él llegara, pero el recuerdo me secuestró y aquí sigo; la tarde me alcanzó sentado en el porche y con el café del desayuno a medio tomar.

¿Quién dijo que un anciano ya no puede ilusionarse con nada? Yo llevo semanas planeando los días que pasaré con mi nieto.

—¿Qué vamos a hacer abuelito? —pregunta, inquieto—. ¿A qué vamos a jugar este verano?

Le miro y sonrío.

—¿Ves ese monte?

—¡Es muy alto! —me dice sacudiendo su mano.

—Pues lo vamos a escalar —le aseguro.

—No podremos —con su pequeña manita hace visera sobre sus ojos y mira a la montaña. Luego la sacude varias veces—. Uf, es demasiado alto, Abu. No podremos escalarla.

La emoción quiere atenazar mi voz, pero alcanzo a asegurarle:

—La dificultad no radica en la altura del monte, sino en el tamaño de nuestra fe.

—¡Qué cosas más raras dices, Abu! —pero me disculpa y prosigue—: ¿Y qué más vamos a hacer?

—Pasearemos por el bosque. ¡No te puedes imaginar las flores tan bonitas que hay!

Su curiosidad insaciable le hace recorrer todo con la mirada.

—¡Qué columpio tan bonito! —corre hacia el gigantesco abeto y trepa al gastado columpio—. ¡Empújame abuelito, porfa!

Le impulso con todas mis fuerzas y él cierra sus ojos mientras exclama:

—¡Qué cerca estoy del cielo! ¡Me encanta este lugar, Abu! Hay mucha paz y mucha tranquilidad... ¡Y huele muy bien!

María nos llama desde el porche:

—¡La comida está lista!

Todos nos sentamos a la enorme mesa: mi hija, mi yerno, mi nieto... También mi hija menor y su esposo que aguardan con expectación la inminente llegada de su bebé, que será nuestro segundo nieto... ¡O nieta!

Tras orar, dando gracias por los alimentos, nos sumergimos en la deliciosa comida y en una animada conversación. Les observo y me deleito en la imagen. Ver a la familia reunida y ante la perspectiva de todo un verano disfrutando de la compañía de mi nieto me emociona.

No dejaré que pasé un día sin inculcarles el inmenso valor de vivir en paz y con fe... quiero trasladarles el tesoro que María y yo tenemos... aquel legado valiosísimo que mis abuelos y también mis padres me dejaron.

—Pero, ¡Abu! —su cristalina voz me sobresalta y su manita me acaricia el rostro—, ¿qué te pasa?, ¿por qué lloras?, ¿no querías que viniese?

—Hijo —lo abrazo entrañablemente... infinitamente—, ¡claro que quería que vinieses! ¡No hay otra cosa en el mundo que deseara más!

—¿Entonces por qué lloras?

—No siempre se llora por algo malo, ni siempre es malo llorar...

—No lo entiendo muy bien, Abu...

—No te preocupes, hijo, no es necesario entenderlo todo. ¿Ves ese abeto? —le digo con la intención de enfocar su atención en otra cosa.

—¿El del columpio? —se levanta de la silla, agitado por la emoción—. ¡Me encanta!

—¿Sabes que el columpio no es la única sorpresa que tiene ese árbol?

—¿De verdad? —sus ojitos se abren con expectación—. ¿Qué otra sorpresa tiene?

—Cuando se haga de noche la descubriremos...

—¡Jo! —sacude sus dos manos con nerviosismo—. ¡Yo quiero ver la sorpresa! ¿Queda mucho para que se haga de noche?

Ya se marcharon todos, excepto nuestro nieto que descansa en su habitación. ¡Su habitación mágica, como él la ha llamado en cuanto la vio. *¡Es una habitación que se asoma al cielo!*, gritó al dejarse caer sobre el colchón y descubrir la vidriera sobre su cabeza, y yo quise haberle dicho que sus ojos también son ventanas al cielo, pero me retraje porque me habría contestado: *Qué cosas más raras dices, Abu.*

Sus papás se marcharon, porque tienen que trabajar durante el verano. Tal vez vengan los fines de semana.

María y yo estamos sentados en el porche, disfrutando de esta noche templada y leyendo en nuestra gastada Biblia de letra gigante.

—¿Quiénes son, Abu?

El pequeño trae el retrato que tenemos sobre el mueble del salón: la foto de los abuelos.

—Son "los otros" —responde María.

Y es que el pequeño ha llegado justo en el momento en que leemos el capítulo once de Hebreos y en el preciso instante en que ella acaba de pronunciar la expresión "pero otros..." (Hebreos 11:35, RVA).

—¿Los otros?

—Sí —sonrío—, "los otros", héroes anónimos, pero cuya fe ha transformado vidas.

—Desconocidos en la tierra, pero reconocidos en el cielo —apunta María—. No hicieron nada espectacular, pero nunca se olvidaron de lo esencial. Creyeron a Dios en todo tiempo, caminaron con Él y ahora habitan junto a Él...

—Personas —añado— que no ostentaron cargos, pero sintieron una carga que les llevó a obrar maravillas.

—No entiendo algunas cosas de las que decís, pero me gusta mucho escucharlas. ¿Vosotros también sois *los otros?*

—No hay nada que anhelemos más que llegar a serlo —hay emoción en la voz de María, y también yo me emociono.

El pequeño estira sus dos bracitos y bosteza sonoramente.

—Tengo sueño —dice.

—Ya es tarde, hijo, vamos a dormir...

Le acompañamos dispuestos a cumplir el delicioso ritual de cubrirle con la sábana y orar con él.

—¡Mirad, Abus! —tumbado en la cama señala al techo de la habitación. ¿Veis qué montón de estrellas? ¡Me gusta mucho esta habitación!

—Sí, es una habitación con vista al cielo —le dice María mientras se agacha y le besa en la frente.

—¡Hoy quiero orar yo! —exclama ilusionado.

—¡Genial! —aplaudo—. Nos gustará mucho escucharte, y a Dios también le encantará...

—Querido Dios —inicia con su fina y cristalina voz—: Gracias por este verano tan especial, y gracias por esta habitación que se asoma al cielo, y gracias por los abus que son como los angelitos del cielo, y gracias por papá y por mamá, y gracias por Villa Fe, y por la tranquilidad y la paz que noto aquí...

No puedo evitar abrir los ojos y contemplarle...también María le mira...y también en los ojos de ella se mece una lámina de agua que acaba precipitándose como lluvia de gratitud por sus mejillas.

Luego, cuando vamos a cerrar la puerta, su voz nos alcanza:

—¡Abus!

—¿Sí?

—Sois geniales... sois los mejores abus del mundo...

CONCLUSIÓN

Me encanta disfrutar de este silencio.

Una suave brisa agita las ramas más altas de los árboles provocando un murmullo inspirador.

El columpio, vacío, se mece acunado por la caricia del viento.

Todo es silencio, matizado únicamente por el canto de algún pájaro.

Anochece.

Todo concluye, por tanto, en el anochecer de un día de mediados de septiembre.

María y yo volvemos a estar solos. Pronto comenzará la actividad escolar y ya vinieron por nuestro nieto; deben preparar los libros, la mochila y todo lo que conlleva el inicio de un nuevo curso.

Pero nosotros nos quedamos en Villa Fe, donde decidimos anclar nuestra vida. Hace de eso muchos años, y aunque azotaron tormentas y algún que otro vendaval, nada logró desarraigarnos. Nuestro compromiso es de por vida. Aquí aguardaremos, con la mesa siempre lista por si alguien precisa una porción de fe o un plato de esperanza.

Villa Fe sigue abierta.

El inmenso monte aguarda...No es fácil su escalada, pero sólo se precisa una determinación firme para coronar su cima; la perspectiva que luego ofrece cambia vidas y transforma futuros...

¡También la habitación con vista al cielo está preparada!

¿Quieres ser el próximo en ocuparla?

NOTAS

1. Séneca, *Epístolas morales a Lucilio*, Libro I, Epístola 8.

2. Ralph Waldo Emerson, *Complete Works*, vol. VIII, cap. xi, par. 14

3. David Guy Powers, *How to Say a Few Words* (Doubleday, 1953).

4. Van Dyke, Henry. *Joy & Power Three Messages with One Meaning* (Floating Press, 2008).

5. John Ruskin, *The Crown of Wild Olive* (Digireads.com Publishing copyright © 2011).

6. David Nicholas, citado por David Jeremiah en *Discovering God: 365 Daily Devotions* (Tyndale, 2015).

7. Robert Browning, *Paracelsus*, parte II.

8. Benjamin E. Mays, *Quotable Quotes of Benjamin E. Mays* (New York: Vantage Press, 1983).

9. Citado en Peter Simon, *The Grammaring Guide to English Grammar with Exercises* (libro electrónico, Amazon Digital Services, 2013).

10. Charles Spurgeon, *Todo por gracia* (Moral de Calatrava: Peregrino, 2006).

11. Jim Wooten, *We Are All the Same* (Penguin Press, 2004).

12. Albert Camus, *El verano* (Madrid: Alianza, 1996).

13. http://akifrases.com/frase/139040, consultado en línea el 25 de abril de 2016.

14. Khalil Gibran, citado en *Refranero temático español*, de Gregorio Doval, p. 68 (Ediciones del Prado, 1997).

15. San Bernardo de Claraval, *De diligendo Deo*.

16. http://www.thekingcenter.org/archive/document/if -i-can-help-somebody (consultado en línea el 3 de marzo de 2016).

17. Publicado en la revista *Heredad*, números 13–16, de la Fundación para el Fomento de la Cultura Hebrea, 1947.

ACERCA DEL AUTOR

José Luis Navajo nació en Madrid, España. Es pastor evangélico desde los 17 años y durante 34 años ha ejercido ese ministerio, los últimos 20 a tiempo completo.

En la actualidad forma parte del cuerpo pastoral en la Iglesia Buen Pastor, en Madrid, a la vez que desarrolla un ministerio intereclesial mediante el que imparte conferencias y forma equipos pastorales en el ámbito nacional e internacional.

Asimismo es profesor en el Seminario Bíblico de Fe y escritor, con dieciséis títulos publicados por diversos sellos editoriales.

Con su esposa Gene, con quien lleva 33 años casado, tiene dos hijas: Querit y Miriam, y tres nietos: Emma, Ethan y Oliver.

Información de contacto:

jlnavajo@iberpixel.com

www.joseluisnavajo.com

JOSÉ LUIS NAVAJO

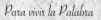 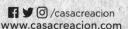

PRESENTAN:

Para vivir la Palabra

WWW.CASACREACION.COM

CASA
CREACIÓN

Te invitamos a que visites nuestra página
web, donde podrás apreciar la pasión por
la publicación de libros y Biblias:

www.casacreacion.com

f @CASACREACION

🐦 @CASACREACION

📷 @CASACREACION

Para vivir la Palabra